E AGORA, VAI?

E AGORA, VAI?

Porque o Brasil será tão diferente em
10 anos e como tirar proveito disso

ANDRÉ TORRETTA

Copyright © 2012
Todos os direitos reservados.
Nenhuma parte desta publicação poderá ser reproduzida por qualquer meio ou forma sem a prévia autorização da Editora Livros de Safra.
A violação dos direitos autorais é crime estabelecido na Lei n. 9.610/98 e punido pelo artigo 184 do Código Penal.

Colaboração: Isabel Malzoni
Gerência de produção: Marcela M. S. M. Dias
Preparação: Thaís Iannarelli
Revisão: Fernanda Bottallo
Capa: Adriana Melo
Fotos do autor: Edilson Dantas
Diagramação: Kathya Yukary Nakamura

Dados Internacionais de Catalogação na Publicação (CIP)
(Câmara Brasileira do Livro, SP, Brasil)

Torretta, André
E agora, vai?: Porque o Brasil será tão diferente em 10 anos e como tirar proveito disso / André Torretta.
São Paulo: Editora Da Boa Prosa, 2012.

1. Brasil - Condições econômicas 2. Brasil - Condições sociais
3. Brasil - Política econômica 4. Desenvolvimento econômico
5. Finanças - Brasil
I. Título.

12-07522   CDD-330.981

Índices para catálogo sistemático:
1. Brasil: Economia 330.981
2. Brasil: História econômica 330.981

um selo da: **livros de Safra**

Alguns têm algo a dizer.
Outros a vontade do saber

A gente aduba, planta
e colhe palavras!

Livros de Safra
tel 55 11 3094-2511
www.livrosdesafra.com.br
Rua Simão Álvares, 663
cep 05417-030 São Paulo - S.P.

*O problema dos nossos tempos é que
o futuro já não é o que era.*
Paul Valéry

O Brasil não é para iniciantes.
Tom Jobim

*Me interessa o futuro, porque é o
lugar onde vou passar o resto da minha vida.*
Woody Allen

*O que atrapalha o brasileiro é o próprio brasileiro.
Que Brasil formidável seria o Brasil se
o brasileiro gostasse do brasileiro.*
Nelson Rodrigues

*Agradeço à Alice Neves, Dhaval Chadha,
Márcio Leone, Maria do Carmo Pousada (Duca),
Ricardo Soares, Vanessa Toledo e todos aqueles
que colaboraram dando depoimentos*

À Gal Barradas, Caio Torretta e Franco Torretta

Perguntam como será a Copa do Mundo no Brasil.

Oras, Copa do Mundo organizada é na Alemanha, Copa do Mundo pontual é na Inglaterra, Copa do Mundo feliz é aqui.

Porque tudo vai estar atrasado e custar mais caro, mas a gente vai se divertir.

É esse modelo brasileiro de fazer negócios que precisamos encontrar nos próximos anos.

É para ele que você precisa estar preparado.

Seja muito bem-vindo.

SUMÁRIO

Introdução   23

1. A sociedade brasileira: ontem, hoje e amanhã   31

2. Os riscos e avanços de uma cultura em transformação   57

3. Tecnologia: a quebra de paradigma inevitável   75

4. A questão da sustentabilidade: não basta preservar   89

5. As novas e prósperas economias brasileiras   97

6. Estado, infraestrutura e os custos do nosso passado   123

7. Como usar este livro   137

Posfácio: Comunicação no Brasil   145

Fontes e bibliografia   155

PESSOAS ENTREVISTADAS

As pessoas a seguir tiveram uma importante contribuição na construção desse panorama do futuro brasileiro, auxiliando de forma significativa a produção do conteúdo deste livro.

Constantino de Oliveira Júnior
Presidente do Conselho de Administração da Gol, da qual foi fundador e principal executivo até 2012, tendo transformado a empresa em uma das principais do mercado de transportes da América do Sul e referência em seu modelo de negócios. Foi piloto da Fórmula 3 Sul-americana e atualmente disputa a Stock Car Brasil e a Brasil GT3 Championship.

Dagmar Garroux
Conhecida como Tia Dag, é pedagoga pela USP. Fundadora da Casa do Zezinho, no bairro Capão Redondo, em São Paulo. A Casa educa mais de 1200 crianças e jovens de 6 a 21 anos e se preocupa com a capacitação profissional e oferece condições adequadas de saúde e alimentação. Ganhou o Prêmio Nacional de Seguridade Social em 2010, prêmio Generosidade 2010 e o Milton Santos.

Denis Mizne
CEO da Fundação Lemann, foi fundador e diretor-executivo do Instituto Sou da Paz, que tem por objetivo de prevenir a violência no Brasil e tentar influenciar a atuação do poder público nas regiões mais violentas do país. É formado pela Faculdade de Direito do Largo São Francisco (USP) e pós-graduado pela Universidade de Columbia. É World Fellow da Universidade de Yale.

Expedito Parente
Químico e mestre em Ciências da Engenharia Química pela Universidade Federal do Rio de Janeiro, concebeu e desenvolveu o biodiesel e o bioquerosene, tendo registrado a primeira Patente Mundial do Biodiesel em 1980. É membro da Academia de Ciências do Estado do Ceará e do Conselho de Ciência e Tecnologia – CCT. É professor Emérito da Universidade Federal do Ceará.

Falcão
Humorista, cantor e compositor de estilo brega. Cursou Arquitetura na Universidade Federal do Ceará. Autor de oito álbuns e um livro com frases de efeito chamado *Leruaite*. O primeiro, *Bonito, lindo e joiado*, foi produção independente e chamou a atenção da gravadora BMG. Nele estava o grande sucesso *I'm Not Dog No*, versão da música *Eu Não Sou Cachorro Não*, de Waldick Soriano.

Fausto Nilo

Compositor, cantor, poeta e arquiteto, nascido em Quixeramobim. Iniciou suas atividades de letrista ainda na universidade, em meio aos componentes pioneiros do chamado "Pessoal do Ceará". Foi docente nas Universidades de Brasília e do Ceará. Seu destaque como urbanista foi o Centro Dragão do Mar de Arte e Cultura. Ganhou dois Prêmios Sharp, Melhor Música Popular em 1987 e 1995.

Fernando Morais

É jornalista, político e escritor. Trabalhou nas redações do *Jornal da Tarde, Veja, Folha de S. Paulo* e TV Cultura. Ganhador de 3 prêmios Esso e de 4 prêmios Abril de Jornalismo. Foi deputado estadual durante oito anos e Secretário de Cultura e de Educação de São Paulo. É autor de 11 livros de não-ficção, como *Olga, Chatô* e o mais recente *Os últimos soldados da Guerra Fria*.

Gloria Kalil

Jornalista, empresária e consultora de moda brasileira. Formada em Sociologia e Ciências Políticas pela USP, iniciou sua carreira como produtora de moda. Representou a marca FIORUCCI no Brasil por 17 anos. Atualmente atua como jornalista e consultora de moda. Publicou a série de livros *Chic*.

Hélio Mattar
Idealizador, co-fundador e diretor-presidente do Instituto Akatu pelo Consumo Consciente. Co-fundador e membro do Instituto Ethos. Comandou grandes corporações como a GE-Dako e é referência no debate sobre consumo sustentável. É ex-presidente da Fundação Abrinq. Formado em engenharia pela Escola Politécnica da USP e Doutor em Engenharia Industrial pela Universidade de Stanford.

Hermann Ponte e Silva
Vice-presidente da Embraer. Foi diretor de Planejamento Estratégico da empresa. É formado em Engenharia de Infraestrutura Aeronáutica pelo Instituto Tecnológico de Aeronáutica (ITA); tem MBA em Finanças e em Administração da Indústria Aeroespacial, ambos pela Fundação Getúlio Vargas (FGV).

João Castro Neves
Presidente da Ambev. Formado em engenharia pela PUC-RJ e com MBA executivo pela University of Illinois, nos Estados Unidos. Começou sua carreira na Brahma, em 1996, e atuou nos departamentos de refrigerantes, tecnologia e desenvolvimento de negócios. Trabalhava na Antarctica quando foi formada a AmBev, em 1999.

João Cox

Sócio da Cox Investments & Advisory e da IDEABANK. Economista pela Universidade da Bahia, com especialização pela Université du Quebec à Montreal e CPS pela Oxford University. Ganhador dos prêmios: o "Empreendedor do Ano 2007" e "Um dos 100 Brasileiros mais influentes em 2008", ambos da *Isto É Dinheiro*; e Líder de Telecomunicações, da *Gazeta Mercantil*. De 2006 a 2010, foi presidente da Claro.

João Doria Júnior

Presidente do Grupo Doria. Foi secretário de turismo e presidente da Paulistur e presidente da Embratur e do Conselho Nacional de Turismo. Foi diretor de comunicação da Rede Bandeirantes. É autor dos livros *Sucesso com estilo* e *Lições para vencer*. Apresentador do programa "Show Business". Foi por 4 vezes eleito uma das 100 pessoas mais influentes do Brasil e do mundo pela revista *IstoÉ*.

Luiz Francisco Salgado

Diretor regional do SENAC-SP desde 1984, estando envolvido com a instituição desde 1962. É formado em Administração pela Escola Superior de Administração e Negócios, pós-graduado em administração pela FGV, em gerência empresarial pelo Instituto Europeu em Administração (França) e pelo IMD International (Suíça).

Luiz Paulo Parreiras
Sócio e Estrategista da CreditSuisseHedging-Griffo, é engenheiro de produção formado pela Poli-USP e mestre em Matemática Aplicada a Finanças pelo IME-USP. Trabalha desde 2003 na equipe de gestão do Fundo Verde, pioneiro e maior *hedge fund* do Brasil, que atualmente tem sob gestão R$ 13 bilhões.

Lula Queiroga
Cantor e compositor. Começou sua carreira com Lenine. Suas composições já foram gravadas por grandes nomes da MPB. O disco *Aboiando a Vaca Mecânica* rendeu-lhe o prêmio da APCA de compositor popular e o Prêmio Globonews de "Disco do Ano". *Azul Invisível Vermelho Cruel* rendeu o prêmio UNESCO de Fomento às Artes e incluído pelo crítico Jacques Denis entre os 10 melhores discos do mundo naquele ano.

Marcelo Castelo
Formado e pós-graduado pela FGV-SP, é um dos sócios-fundadores da F.biz. Faz parte do *board* da MMA (Mobile MKT Association) e do IAB. Recentemente ganhou o prêmio de Personalidade Mobile do Ano. Ganhou também 2 dos 5 melhores cases de Mobile MKT da revista *ProXXima*, prêmio ABANET, Festival de Media de Valencia, Tela Viva Móvel e único a conquistar duas categorias no MMA Awards LATAM.

Marcelo Lacerda

Fundou a Nutec, empresa de programas de computador, que chegou a ter subsidiária nos Estados Unidos. Anos depois criou o provedor de acesso à Internet ZAZ, que teve parte vendida para o grupo RBS, que, por sua vez, repassou-a à Telefônica, transformando-o no Portal Terra, onde foi vice-presidente. Hoje é sócio da F.Biz, além participar de outras empresas de tecnologia.

Marcio Meirelles

Ex-Secretário de Cultura do Estado da Bahia. Diretor teatral, cenógrafo e figurinista. Fez teatro universitário como atividade política em 1972. Criou com Maria Eugênia Milet o grupo Avelãs y Avestruz e, com Chica Carelli, o Bando de Teatro Olodum. Com muitos artistas, tocou a reforma e revitalização do Teatro Vila Velha, centro de formação, criação, intercâmbio e difusão das artes cênicas.

Maria Tereza Perez

Educadora, responsável pelo Projeto de Formação de Professores de Jundiaí e Coordenadora dos Parâmetros Curriculares Nacionais (PCN) de 1a. a 4a. e de 5a. a 8a. séries, e do Parâmetros em Ação de 5a. à 8a. séries, elaborados pelo MEC. Coordenadora da coleção *Enciclopédia Aprendendo*, de autoria de César Coll e Ana Teberosky, lançada pela editora Ática.

Michael Klein
Diretor Executivo das casas Bahia. Administrador de empresas formado pela Universidade Paes de Barros, com curso de especialização pela Fundação Getúlio Vargas. Nasceu em Fohrenwald, na Alemanha. Veio para o Brasil com um ano de idade, residindo com a família em São Caetano do Sul, São Paulo. Começou sua carreira nas Casas Bahia em 1969, como dirigente financeiro.

Miguel Dau
Vice-presidente operacional da Azul. Foi piloto de caça na Força Aérea Brasileira. Na Varig foi piloto do Boeing 727-100 e coordenou a implantação da unidade de carga, da qual foi o seu primeiro diretor e depois transformada em empresa independente. Chegou à vice-presidência da empresa e se elegeu, por maioria absoluta dos votos dos credores, como o seu administrador judicial.

Paulo Lima
Fundador da Editora e *Revista Trip*. Em 1984, ingressou no mercado editorial com a revista Overall, a primeira revista de skate do mercado. Dois anos depois, lançou a revista Trip. A editora passou também a desenvolver revistas customizadas. Hoje, a Trip Editora publica aproximadamente 40 milhões de exemplares por ano, distribuídos entre os 13 títulos que edita.

Renato Janine
Filósofo professor-titular de Ética e Filosofia Política da FFLCH-USP. Ganhador do Jabuti, condecorado com a Ordem Nacional do Mérito Científico e com a Ordem de Rio Branco. Conhecido sobretudo por seus trabalhos sobre Thomas Hobbes, acerca da cultura política nas "sociedades ocidentais dissidentes" e por sua participação no debate político brasileiro. Foi Diretor de Avaliação da Capes.

Silvio Meira
Cientista-chefe do Centro de Estudos e Sistemas Avançados do Recife e presidente do Conselho Administrativo do Porto Digital. Professor de Engenharia de Software na Universidade Federal do Pernambuco e um Software Evangelist. Foi vencedor do Prêmio Faz Diferença. Nascido em Taperoá, na Paraíba, é bacharel em engenharia eletrônica e PhD em Ciências da Computação.

INTRODUÇÃO

A renda da mulher está crescendo duas vezes mais que a do homem, assim como a do negro em relação à do branco. Vamos viver o bônus do esporte e estamos vivendo o das *commodities*, do petróleo e do gás. Teremos uma ainda maior descentralização do crescimento econômico do país com o surgimento de outros eixos, que não o Rio-São Paulo, como Salvador-Recife-Fortaleza ou Campo Grande-Cuiabá. A sua empresa está aproveitando tudo isso?

Há pessoas que dizem que o Brasil está mudando. Elas estão erradas: nosso país já mudou e continuará mudando a uma velocidade arrepiante. Até 2021, você verá surgir novos modelos de negócios, produtos e serviços e inovações tecnológicas capazes de quebrar paradigmas. Por falar em tecnologia, verá como ela vai influenciar ainda mais o seu dia a dia, com produtos como as impressoras 3D, capazes de incitar uma nova revolução industrial.

Os mercados também serão outros: quem ainda se pergunta se haverá no Brasil um mercado GLS ou um evangélico tomará um susto ao perceber que, de fato, eles já existem e terão enorme importância em pouquíssimos anos. Sem falar na nova classe média, que não será somente importante: será crucial.

Se você está lendo este livro, acredito que esteja ciente das muitas mudanças que estão por vir. Se ainda estiver reticente, eu afirmo – e comprovo ao longo do livro – que nada do que foi será. O que deu certo no Brasil de dez, vinte anos atrás não funcionará daqui para frente. Somos um novo país, com novos hábitos, costumes e – pasme – uma autoestima elevadíssima.

A maior das mudanças já aconteceu: o Brasil se transformou em um país de classe média em 2008, com 52% dos brasileiros pertencendo a esta classe social. Mas, com essa transformação, virão muitos e poderosos desdobramentos. E estes acontecerão cada vez mais rapidamente. Falaremos sobre isso neste livro, que se divide em capítulos abrangentes sobre cada um dos aspectos do nosso país, da cultura à tecnologia e, claro, do mercado.

Antes de falarmos do futuro, no entanto, gostaria de partir de um breve contexto histórico sobre a transformação que se dá quando países se tornam de classe média, fenômeno que o Brasil vive atualmente. A primeira onda de nascimentos de países de classe média aconteceu na

Europa, principalmente na Inglaterra, com a Revolução Industrial. Naquele momento, surgiram as grandes empresas que, além de seus novos e muitos produtos, geraram mais empregos do que nunca. Ou seja, uma maioria empregada significa uma maioria que não passa mais fome. Um dos primeiro impactos foi as pessoas começarem a exigir seus direitos: queriam escolas, derrubaram monarquias e fortaleceram democracias. A segunda onda de nascimentos de países de classe média, no final da Segunda Guerra Mundial, causou efeitos similares. Surgiram o *baby boom*, a briga pelos direitos civis, o fim do *Apartheid* e a contracultura.

Hoje estamos vivendo a terceira onda. De acordo com a Goldman Sachs, mais de 2 bilhões de pessoas no mundo todo vão subir no degrau na escada do poder aquisitivo para a classe média até 2030. Esse fenômeno começou no fim dos anos 1970 e se ampliou inexoravelmente no fim dos 1980. Até então, muito do que se produzia no mundo era consumido principalmente nos Estados Unidos e na Europa. Aqui no Brasil – talvez você se lembre –, para comprar uísque era necessário ter o seu contrabandista. Muita gente tinha um contrabandista próprio, um doleiro próprio e, por fim, o sonho da casa própria. Mas os mercados consumidores americano e europeu começavam a estagnar, e era preciso ampliar, transbordar mundo afora. Quando caiu o muro de Berlin, milhões de pessoas se tornaram consumidoras em potencial do dia para a noite. Pouquíssimos anos depois, a política neoliberal começou a varrer a hiperinflação da América latina, a Índia iniciou seu processo de desenvolvimento acelerado e a China explodiu em um estupendo crescimento econômico.

Essas transformações mudaram tudo no passado. Para nós, que estamos inclusos nessa mais recente onda, já começou; e vai mudar ainda mais. Isso porque a maioria dos modelos de negócios, marketing e comunicação, desenhados para países ricos, não funcionará mais aqui – nem na China, na Índia ou na Rússia. Países e indústrias que já entenderam isso esbanjam exemplos de sucesso.

Pensar no Brasil dos próximos dez anos é refletir sobre essa incrível mudança a qual já estamos assistindo. É pensar em novos modelos para sua empresa, novos produtos, novos serviços. Até porque você precisa decidir surfar essa onda, e não ser engolido por ela.

P.S.: Enquanto escrevo essas palavras, a Grécia não sabe se sai ou não do Euro, a economia da Espanha está muito complicada e sem uma rota de fuga, a Alemanha está bem e a China deu uma pequena desacelerada. E nós também. Não sabemos ainda o tamanho da crise, nem quando ela vai acabar. Mas acredito que ela pode prejudicar o Brasil, mas não nos tirar do trilho desses últimos anos.

SOBRE A METODOLOGIA

O Brasil não tem ainda a tradição de prospectar cenários futuros. Estes começaram a ser elaborados nos Estados Unidos da América durante a Segunda Guerra para balizar o planejamento militar. A ferramenta passou a ser necessária para a tomada de decisão dos investimentos. O que eles deveriam produzir? Caças, submarinos ou tanques? Esses equipamentos levam tempo para serem produzidos. Portanto, era preciso saber se seriam úteis em médio e longo prazo. Se a guerra se desenvolvesse na África, o cenário seria um. Se isso acontecesse na Ásia, seria outro.

Dez anos depois, a Shell percebeu a necessidade de também elaborar relatórios de cenários futuros para adiantar-se às mudanças de mercado e na matriz energética. Era preciso saber como seria o futuro ao tomar a decisão de construir uma plataforma de petróleo ou um petroleiro. Com o tempo, seu exemplo passou a ser seguido por diversas empresas, de mercados distintos.

No Brasil, o que existe, principalmente, são os relatórios de cenários futuros produzidos pelas empresas financeiras, além do que é elaborado pela Petrobras. Estes abrangem as tendências para o mercado financeiro e a economia, mas não as transformações que podem – e vão – acontecer no país como um todo: em sua sociedade, cultura, infraestrutura, entre outras.

Em tempos de massivas transformações, como o que estamos vivendo agora, é muito útil – se não crucial – avaliar as tendências que se abrem à nossa frente. Foi por isso que decidimos elaborar o primeiro relatório de cenários futuros brasileiro. Ele abrange o período de 2012-2021 porque uma década é o horizonte que você deve ter em vista, no mínimo.

Há uma série de metodologias de prospecção de cenários futuros que poderia servir ao nosso propósito. No entanto, em razão da ambiciosa abrangência que buscávamos, foi necessária a combinação de diversas delas para a criação de uma metodologia proprietária, que chamamos de *Cidades*; pressupõe que nada é mais moderno, contemporâneo e humano do que as cidades e sua maneira fluida e natural de se organizar, das pequenas às grandes vias.

A nossa metodologia se organiza da seguinte maneira: partimos da já existente metodologia *Delphi*, que consiste em encontrar tendências em comum entre formadores de opinião. Foram vinte e seis entrevistados das mais diversas áreas, que têm em comum a notoriedade. Eles nos falaram sobre seus pontos de vista de como será o Brasil nos próximos dez anos. O método *Delphi* – cujo nome vem de Oráculo de Delfus, criado no início da Guerra Fria a pedido do General Henry H. Arnold – baseia-se no pressuposto de que o julgamento de um grupo é superior ao individual.

Realizamos também uma pesquisa qualitativa com 120 adolescentes de quinze a dezessete anos, de oito Estados do país, o que nos foi muito útil para entender o que pensam os brasileiros do futuro. A terceira metodologia aplicada foi a sondagem entre *trend-setters*, separados em três categorias: jovens executivos, mulheres e negros. Por último, mas não menos importante, foi feita uma análise do conteúdo de jornais e revistas, sabendo que os editores "filtram" e digerem possíveis tendências.

Entre nossas conclusões, identificamos *drivers* de crescimento, fatores que contribuirão para o desenvolvimento do país; *drivers* de restrição, que dificultarão o crescimento do país; e *drivers* de caráter, que é o que mudará de qualquer jeito. Com o propósito de organizar todas essas tendências e possíveis desdobramentos, dividimos os capítulos de acordo com os principais aspectos avaliados para, por fim, direcionar como melhor utilizar esses cenários para sua empresa ou carreira. Veja o quadro a seguir sobre como posicionar esses *drivers*.

Informações sobre todos os *drivers* serão encontradas ao longo do livro. A ideia é que você identifique os fatores que impactam o seu negócio e assim possa construir os cenários futuros que sejam mais interessantes para sua empresa.

Boa leitura!

1

A SOCIEDADE BRASILEIRA: ONTEM, HOJE E AMANHÃ

Uma brutal redistribuição de renda. Essa é a coisa mais importante, junto ao restabelecimento da democracia, que aconteceu no Brasil recentemente. Resultou no grande crescimento da classe média, e disso podemos esperar uma melhora na educação e na conscientização da sociedade.

João Cox

Com a distribuição de renda e a democratização, haverá uma melhor compreensão de que há coisas a serem compartilhadas e conquistadas. Não somos mais subalternos.

Fausto Nilo

Não estávamos preparados (para o enorme crescimento da Classe C). Mas ninguém estava, nem as Casas Bahia. Fomos pegos desprevenidos não só com esse volume de demanda, mas também em como lidar com essas pessoas, que têm um grau de instrução mais baixo. Tenho tido problemas operacionais de toda monta.

Miguel Dau

A estabilidade econômica adquirida nos últimos anos do século passado e o consequente processo de redistribuição de renda aparecem em todas as etapas da nossa pesquisa como os acontecimentos recentes mais importantes para a sociedade brasileira. É por causa desse fenômeno que vemos o surgimento de um novo cidadão, que tem emprego fixo e salário melhor, é mais exigente com o governo e com as empresas e quer estudar e continuar melhorando de vida. São 36 milhões de pessoas que superaram a linha da miséria e engrossaram a nova classe média. Isso só entre 2003 e 2011. Se olharmos para o período entre 1993 e 2011, foram 59,8 milhões, de acordo com a Fundação Getúlio Vargas (FGV). A nova classe média conseguiu maior poder não só como mercado consumidor, mas como a maior parcela da sociedade. Se somarmos a essa transformação a redução das desigualdades sociais, como a valorização das mulheres e a descentralização do poder econômico, chegaremos a um cenário de profundas mudanças. Estas se desdobrarão pela nossa cultura e identidade, economia e mercados, na maneira como seremos vistos pelo resto do mundo. Mas tudo começa com a sociedade que viremos a ser.

A INCRÍVEL DISTRIBUIÇÃO DE RENDA: SUPERANDO A DÉCADA DE 1980

Há países ricos cuja maioria da população é pobre. O Produto Interno Bruto (PIB) não se relaciona diretamente ao desenvolvimento e à qualidade de vida de uma população. Sabemos bem disso. O Brasil, em questão de desigualdade de renda, continua entre os dez piores países do mundo. O nosso Coeficiente de Gini, índice que categoriza a desigualdade entre 0 e 1 – sendo 1 o país ideal e 0 o pior nesse quesito –, era de 0,56 em 2010, o que nos coloca à frente apenas da Bolívia e do Haiti, empatando com o Equador, entre os países pesquisados. Mas a má notícia, informada em estudo do Programa das Nações Unidas para o Desenvolvimento (PNUD), esconde uma tendência positiva que já vem mudando todo o cenário. Em 2008, o mesmo índice era de 0,515. A melhora reflete-se também em outros números importantes: o desemprego, que era de 12,3%, caiu para 6,7% no mesmo período de comparação. E só em 2006 os gastos sociais cresceram 20%. A tendência de melhora da desigualdade apontada pelo estudo para toda a região deve-se ao fim do período de crise na América Latina, os anos 1980, e aos resultados do investimento na Educação.

Os anos 1980 foram o pior período para a sociedade brasileira em termos de aumento do abismo social. Sim, houve importantes conquistas nessa década, como o movimento "Diretas Já" e a volta da democracia. Mas a hiperinflação e suas consequências deixaram rastros ainda não superados, sendo o mais pérfido deles o aumento da concentração de riqueza. Os *shopping centers*, que floresceram nos anos 1980 no Brasil, refletiam em toda a sua exuberância a elitização do consumo que se dava à época, diferentemente do que acontecia em outros lugares do mundo, onde os centros de compra eram destinados à maioria. A televisão seguiu o mesmo caminho, propondo-se a falar principalmente com as classes A e B, que eram as únicas com poder de consumo. A única exceção era o SBT. Talvez a televisão seja o símbolo mais absurdo daquela realidade, por contradizer a natureza desse meio de comunicação de ser um veículo para as massas. Mas os exemplos são inúmeros e mundanos: viajar de avião era só para os ricos, assim como comprar uísque e dólar. A elite possuía seus próprios contrabandistas e doleiros porque produtos caros simplesmente não estavam no mercado.

Só na década seguinte, mais especificamente em 1994, surgiu a primeira oportunidade de mudar essa realidade: o Plano Real. Com o fim da hiperinflação, milhões de brasileiros superaram a linha da miséria. O preço do frango tornou-se um símbolo: um quilo por um real. Foi naquele momento que começou a nascer a nova classe média brasileira. O fenômeno, de tamanha força, já era parte de uma tendência mundial. Em 1997, o economista C. K. Prahalad falou pela primeira vez sobre a economia da "Base da Pirâmide". Três anos depois, foi cunhado pela Goldman Sachs o termo BRIC (Brasil, Rússia, Índia e China), em referência aos países que cresceriam acima da média nos anos seguintes.

A rápida melhora nas condições de vida da população brasileira enfrentou um importante obstáculo: a crise asiática de 1998. Depois das eleições presidenciais daquele ano, o dólar disparou e entramos na crise. Em 2002, veio o segundo empecilho. Por causa do embate entre Serra e Lula e o medo do futuro após a eleição, o país se viu em meio a novas turbulências: o dólar disparou mais uma vez e o desemprego cresceu. A sociedade e o mercado achavam que seriam capazes de fazer uma "revolução" no sistema financeiro. Tínhamos a nosso favor, ainda bem, a base econômica favorável instalada pelo governo de Fernando Henrique Cardoso.

Em 2003, com a posse do presidente Luiz Inácio "Lula" da Silva, o Brasil passou a surfar de vez a onda mundial da descentralização do poder econômico e consequente diminuição da desigualdade. Os fatores que possibilitaram essa retomada foram o bom momento da economia mundial e a determinação em acabar com a fome, simbolizada pelo Bolsa Família, nome dado à ampliação dos programas sociais.

O que está acontecendo com o Brasil não é fenômeno exclusivo. De acordo com a Goldman Sachs, 2 bilhões de pessoas no mundo todo vão sair da linha de miséria até 2030. A primeira consequência dessa mudança do cenário econômico mundial está sendo a descentralização do poder político: o E7, grupo dos países emergentes (China, Índia, Brasil, Rússia, Indonésia, México e Turquia), surgiu para contrabalancear o G7, das grande potências (EUA, Japão, Alemanha, Reino Unido, França, Itália e Canadá). Reflexos dessas mudanças de realidade espalham-se pelo mundo. Hoje, o edifício mais alto do mundo fica em Taipei e será superado, em breve, por outro em Dubai. O homem mais rico do mundo é mexicano. A maior empresa de capital aberto é chinesa. O maior avião do mundo está sendo fabricado pela Rússia e pela Ucrânia. A maior refinaria está em construção na Índia. As maiores fábricas estão na China. Os Emirados Árabes Unidos abrigam o fundo de investimentos mais bem dotado. A maior roda-gigante fica em Cingapura. O maior cassino está em Macau. A maior indústria cinematográfica, em volume, é *Nollywood*, na Nigéria. Dos dez maiores *shoppings* do mundo, apenas um está nos Estados Unidos da América; o maior de todos está em Pequim.

A NOSSA CLASSE MÉDIA

Com o fenômeno da descentralização da economia do planeta, o Banco Mundial se viu forçado a mudar sua definição de classe média. As pessoas dessa classe social ganham de 70 a 120 mil dólares por ano nos Estados Unidos e na Europa. No resto do mundo, é claro que não é assim. Portanto, após fazer seus cálculos, o Banco Mundial definiu que famílias que recebessem até 4 mil dólares por ano pertenciam à base da pirâmide, mas que cada país teria suas particularidades. No Brasil, a FGV apontou que a classe média engloba as pessoas que ganham entre

> 1,1 mil e 5,1 mil reais por mês. O critério ainda gera polêmica, mas reflete literalmente a média da renda brasileira.
> Desde o começo do século, o Brasil passou por uma incrível mobilidade social vertical. A nova classe média tem maioria feminina (51%), branca (52%) e adulta, com mais de vinte e cinco anos (63%). É também majoritariamente urbana (89%) e concentra-se em três regiões: Sul (61%), Sudeste (59%) e Centro-Oeste (56%). O percentual da população nesse estrato social é maior em cidades de pequeno porte, com menos de 100 mil habitantes (45%), do que em regiões metropolitanas (32%) e em cidades de médio porte (23%). Cerca de 80% das pessoas economicamente ativas têm poder de consumo superior ao de seus pais. Desde 2007, 30 milhões de brasileiros compraram a prazo pela primeira vez.

OS EXTREMOS DA PIRÂMIDE

Não temos que minimizar em nada a inclusão das pessoas como consumidoras. A ajuda desses programas sociais não é pouca. Só é para quem já come três vezes por dia.

Denis Mizne

Em 2003, havia 49 milhões de miseráveis no Brasil. Seis anos depois, esse número tinha caído para 29 milhões. Este é outro importante desdobramento da descentralização econômica.

A queda brutal do número de miseráveis deve-se ao momento econômico favorável e também a iniciativas do governo federal em conjunto com estados, municípios, empresas públicas e privadas e organizações da sociedade civil. Desde o começo do governo Lula, em 2003, aumentou-se substancialmente os gastos sociais. E a tendência é que isso continue acontecendo. O Bolsa Família, por exemplo, já assiste mais de 13 milhões de famílias e, até 2013, quer incluir outras 800 mil que hoje não recebem o apoio por não estarem cadastradas. A iniciativa já totaliza uma distribuição de 16 bilhões de reais. Soma-se a esse número o programa *Brasil Sem Miséria*, que atende famílias em situação de pobreza extrema (que têm renda mensal de até 70 reais), que distribuirá ainda 20 bilhões de reais.

O aumento dos gastos sociais já acontece em boa parte dos estados brasileiros. Minas Gerais, por exemplo, quer antecipar em três anos a meta nacional de erradicação da miséria no país. Um levantamento feito pelo Instituto de Pesquisa Econômica Aplicada (Ipea) mostra que a miséria no Brasil será extinta apenas em 2016, à exceção do estado mineiro. Lá, a pobreza absoluta caiu de 46,9% para 25,6% entre 1995 e 2008. No mesmo período, a diminuição no Brasil foi de 43,4% para 28,8%. São consideradas miseráveis as famílias cujos membros tiveram renda média mensal em 2011 de um quarto do salário mínimo, ou 127,50 reais.

O crescimento econômico não favorece apenas as classes baixas. Segundo um estudo feito pela Secretaria da Receita Federal, o número de milionários no Brasil cresce em um ritmo quase dez vezes maior que o da população em geral. Embora a informação seja duvidosa, já que tem como base a declaração do imposto de renda, estima-se que o número seja ainda maior. O Brasil tem 31% dos multimilionários da América Latina, ou seja, 5 mil pessoas cujo patrimônio é superior a 30 milhões de dólares; mais de 100 mil brasileiros possuem aplicações financeiras superiores a 1 milhão de reais. Metade desses milionários é de primeira geração – os chamados novos ricos.

EDUCAÇÃO: GRANDE POTENCIAL DE MUDANÇA E ENORME DESAFIO

Não há um país desenvolvido que não saiba que o que segura o país é a educação.
Hermann Ponte e Silva

Não tem 20 anos que a maioria das crianças têm acesso a escola. E acesso é, sim, um dos aspectos da qualidade da educação. Para quem é excluído ou marginalizado, o conhecimento é o canal de inclusão na sociedade.
Maria Tereza Perez

A economia mundial já se tornou realmente uma economia do conhecimento. Só que o Brasil não investiu em educação. Cerca de 80% dos funcionários das empresas brasileiras não têm curso superior, uma das menores taxas do mundo. Então, por mais que se diga que já temos mais universidades, o problema da quantidade também não está resolvido. O de qualidade, nem se fala.
Silvio Meira

A importância da educação e a precariedade em que ela ainda se encontra no país são unanimidade entre todos os entrevistados, o que reflete a urgência com que esse tema é enxergado pela nossa sociedade. A educação abrangente, inclusiva e de qualidade é vista como a causa dos significativos avanços alcançados nas últimas décadas e como fator crucial para definir o que será de nós no futuro. A educação por si só pode determinar se solucionaremos os problemas da falta de mão de obra, de consciência política, da violência, dos preconceitos, entre muitas outras questões. Ela pode impulsionar nosso crescimento econômico. Por outro lado, a falta de investimento e planejamento maciço em educação pode fazer com que nossa sociedade se torne canalha.

Mais de 70% dos brasileiros têm algum nível de analfabetismo funcional. Segundo o *Relatório de Monitoramento de Educação Para Todos* de 2010, da Unesco, o índice de repetência no Ensino Fundamental no Brasil é o mais elevado da América Latina (18,7%), e fica acima da média mundial (2,9%). Ainda em comparação com outros países, a nossa situação mostra-se complicada. No Brasil, o percentual da população de 25 a 34 anos com Ensino Médio (38%) é três vezes maior do que o da faixa etária de 55 a 64 anos (11%). Esse significativo crescimento, no entanto, é bem menor do que o registrado na Coreia, onde o percentual saltou de 35% para 97%. Ou seja, a Coreia preparou-se para o crescimento econômico, e nós não conseguimos nos antecipar a ele.

EDUCAÇÃO É QUESTÃO DE VONTADE PÚBLICA

Não há na História moderna nenhum país, seja da ideologia que for, que tenha solucionado seus problemas sem, em primeiro lugar, resolver a questão da educação pública. Certa vez, ouvi o diretor do colégio Bandeirantes (de São Paulo), um sujeito conservador do ponto de vista político, reconhecer um mérito da revolução cubana: ter resolvido o nó górdio de qualquer sociedade, que é a questão da educação. Cuba e Coreia do Sul, que são dois extremos ideológicos, fizeram isso.

Qual seria a solução para a educação no Brasil?
É simplíssima. Falando de ensino fundamental, dos oito primeiros anos de formação da criança, eu apontaria em primeiro lugar a escola em tempo integral. A criança entra às 7 horas da manhã e sai às 18 horas. Almoça, janta, toma café e estuda o dia inteiro.

Não há nenhuma novidade nisso do ponto de vista conceitual: vem de Anísio Teixeira, passa por Paulo Freire, Brizola, Darcy Ribeiro e, embora a sociedade não tivesse conseguido ver isso na época, era a única coisa boa do governo Collor, os tais CIAPS. Por que o sonho nunca se realiza? Porque não tem reconhecimento público. Ou seja, não dá voto. Se você faz viaduto e estrada, isso dá prestígio. Mas escola não é como saneamento básico. Ninguém vê. Veja só: entre os 25 prefeitos brasileiros que mais investiram em educação na gestão passada, só quatro se reelegeram ou elegeram seus sucessores. Educação é uma questão de vontade política.

Fernando Morais

Se, por um lado, não se pode negar a situação preocupante da educação no país, por outro não é possível negar a tendência de melhora. Atualmente, um em cada três brasileiros está estudando. Das crianças e adolescentes de sete a catorze anos de classe média, 99% frequentam a escola, mesma porcentagem da classe alta. De 1989 a 2002, foram construídas 140 escolas técnicas em todo o Brasil e, de 2002 a 2012, outras 295 foram inauguradas. Já em relação às universidades, havia 1,8 mil em 2000, mas esse número cresceu para quase 3 mil em 2011. O número de estudantes universitários cresceu espantosos 46%, chegando a 6,5 milhões. Desse total, os das classes C e D representam 15,3%, enquanto a participação de estudantes da classe A é de 7,3%.

Nunca a classe média estudou tanto como no Brasil de hoje. Filhos de semianalfabetos estão completando o Ensino Superior, o que resulta em uma enorme distância geracional entre pais e filhos, que têm um diálogo complicado pela diferença de formação. Mas essa é também característica de um país em plena transformação. O brasileiro de hoje já sabe da importância da educação. Não muitos anos atrás, era comum no Nordeste um pai querer tirar o filho da escola por acreditar que arrumar um emprego seria mais importante para a vida dele. Números mostram que isso acontece cada vez menos. Ainda que estejamos falando mais em avanços em termos de quantidade (aumento do número das instituições de ensino) do que em qualidade, é fato que os jovens hoje têm mais oportunidades do que os da geração passada. Isso aponta para uma tendência de maior acesso à educação e maior consciência da importância da formação acadêmica para a conquista de uma vida promissora.

Ou seja, estamos olhando para um país mais educado no futuro. E mais pessoas capacitadas para o trabalho geram uma melhor condição econômica. Para os descrentes, eu afirmo: melhoria econômica somada à educação gera melhor atitude. Antes, o brasileiro não via muitas perspectivas, mas já sabe que precisa plantar um futuro melhor. Se investirmos e priorizarmos a educação, teremos uma geração mais bem informada, crítica, consciente e exigente.

A VOZ DOS JOVENS BRASILEIROS

Nos grupos focais de nossa pesquisa, o tema da educação surgiu diversas vezes. Em relação ao presente, detectamos uma maciça insatisfação. No entanto, sobre o futuro, o que enxergamos é esperança. Algumas afirmações espontâneas se repetem e representam o pensamento de meninos e meninas de quinze a dezessete anos, tanto das classes C e D quanto A e B.

Meninas das classes A e B
"É possível pagar por cursos e faculdades, estão mais baratos."

Meninas da classe C
"Quero ser publicitária ou professora de português."
"Tenho amigas na escola que já estão grávidas, com namorado preso."

Meninos da classe C
"Se a pessoa tiver estudo, ela vai conseguir um serviço bom."
"Como que a gente vai aprender alguma coisa na faculdade sem aprender nada antes de entrar lá?"
"Não é só o professor; tem muito aluno que vai lá só pra zoar."

AS MUITAS DESIGUALDADES SOCIAIS

> *A mulher ainda é uma mercadoria, principalmente no Nordeste.*
>
> **Falcão**

> *Hoje, nas Casas Bahia e no Ponto Frio, o maior índice de compras é das mulheres; já são mais da metade. A mulher trabalha, o homem também; mas é ela quem escolhe o produto, e o marido aceita.*
>
> **Michael Klein**

> *Às mulheres, o que espero, é que tenham mais facilidades do que têm. Tiveram muitas conquistas relativas ao papel que desempenham na sociedade, mas agora precisam ganhar facilidades, em função da carga extra que têm, que é cuidar da casa e dos filhos. Não há creches suficientes. A maioria é muito desamparada do ponto de vista social.*
>
> **Gloria Kalil**

Uma das desigualdades mais graves do país, depois da econômica, é a situação das mulheres. No Brasil, que está um pouco atrasado em relação à tendência mundial da cada vez maior participação delas no mercado de trabalho, na política e no mercado consumidor, as mulheres representam a principal transformação nas disparidades da sociedade. Sua renda está crescendo duas vezes mais que a dos homens. Cerca de 40% dos rendimentos da classe C já são gerados por mulheres. A participação no mercado de trabalho também vem aumentando rapidamente, ainda que não se equipare à dos homens: a taxa de atividade total das mulheres com mais de 10 anos subiu de 13,6%, em 1950, para 26,9%, em 1980, e 44,1%, em 2000. Só em São Paulo, essa taxa deve chegar a 49% até 2020, e o número de empregadoras (donas de negócios que empregam funcionários) deverá subir para 31%.

Há mais mulheres estudando, trabalhando e chefiando famílias do que jamais houve. O assunto parece velho porque, no discurso, as mulheres já são empoderadas. Leila Diniz quebrou tabus nas décadas de 1960 e 1970, mas ela representa apenas a pequena parcela de mulheres brancas e ricas que tiveram acesso à "queima do sutiã" americano. Para a maioria da população feminina, as empregadas domésticas, as professoras primárias e as donas de casa humildes, a valorização ainda está em processo, o que é comprovado pelos números citados. A mudança cultural que começou a ser falada há cinquenta anos está chegando agora até as mulheres brasileiras de baixa renda. Segundo a nossa pesquisa com jovens adultos de classe média, elas agora almejam, em primeiro lugar, o crescimento pessoal e profissional, dando cada vez menos prioridade ao casamento e à maternidade. Na década de 1960, as mulheres brasileiras tinham em média seis filhos. Agora, a média é menos do que dois filhos. Em 1993, 7 milhões de famílias eram chefiadas por mulheres (19,7%), número que saltou para

22 milhões (35%) em 2009. A maioria das mulheres está finalmente falando da busca pela igualdade de direitos e da liberdade de escolha.

Um sinal claro dessa quebra de tabus entre as mulheres da classe C, que são a grande maioria do país, é o funk. As funkeiras são fortes, muito musculosas e experimentam a liberdade sexual. Como disse o cantor e compositor Tom Zé, a mulher está vivenciando uma importante libertação, resumida pelo refrão de uma música de Valesca Popozuda: "quero te dar, quero te dar, quero te dar". Em certa ocasião, a cantora apresentou-se no programa de TV do Silvio Santos, deixando o apresentador claramente incomodado com o teor de suas canções. Ele questionou Valesca com claros indícios de preconceito, mas ela não se abalou e ainda dedicou a mesma música para ele. O trecho do programa tornou-se vídeo viral no *Youtube*. Acredito que a mulher brasileira de classe C não queira ser igual ao homem, como já foi dito. Ela quer ser mais do que o homem.

Grande parte do poder recém-adquirido pela mulher da nova classe média brasileira vem da sua nova condição econômica. A população feminina já é responsável por 51% das compras de produtos em lojas virtuais, detém 50,2% dos cartões de crédito e compõe 69% dos consumidores de orgânicos. Outro fator que levou à diminuição da desigualdade de gêneros é a conscientização do governo e da sociedade para a importância e urgência de lidar com essa realidade, já tão enraizada e de difícil solução. Em 2006, por exemplo, foi sancionada a primeira lei que trata especificamente da violência doméstica contra as mulheres, problema que, segundo a ONU, atinge cerca de 20% das mulheres em todo o mundo. A lei nº 11.340/2006, conhecida como Maria da Penha, gerou polêmica, e há quem aponte que as soluções encontradas não sejam as melhores. Mas fato é que, antes dela, agredir uma mulher dentro de casa era considerado uma infração de menor potencial ofensivo, como simples agressão física. Em outras frentes, também estão sendo criados mecanismos de apoio à mulher, como o *Programa Mulheres Mil*, parte do *Brasil Sem Miséria*, que vem sendo realizado pelo Ministério da Educação em parceria com instituições de ensino canadenses. O programa quer beneficiar 100 mil mulheres em situação de vulnerabilidade social e econômica até 2014 com ações que aliem formação profissional à elevação de escolaridade, oferecendo acesso a cursos profissionalizantes em áreas como turismo e hospitalidade, gastronomia, artesanato, confecção e processamento de alimentos.

Embora sejam muitas as iniciativas e conquistas, as disparidades ainda são grandes. Apenas 21,4% dos cargos de chefia em empresas são ocupados pelas mulheres. A ironia é que elas são 51,5% dos titulados com doutorado, e 58,6% dos pesquisadores no país – no entanto, são reitoras em apenas 13,8% das Universidades Federais e em 12,2% de Institutos Federais de Educação Tecnológica (IFETs), Universidades Tecnológicas Federais (UTFPR) e Centros Federais de Educação Tecnológica (CEFETs). Na política, a situação também não é boa. Entre 2003 e 2006, a presença das mulheres representava 10,7%. Em 2007, esse número cresceu para 14,8% e, em 2011, para 27%. Mas a batalha das mulheres pelo seu espaço tem um preço: um estudo realizado pela Nielsen com mulheres de vinte e um países emergentes e desenvolvidos apontou que as brasileiras estão na quarta posição no *ranking* das mais estressadas, com cerca de 67% das mulheres sofrendo dessa doença. O primeiro lugar ficou com as indianas, com 87%, seguidas pelas mexicanas, com 74%, e pelas russas, com 69%. Ao todo, foram ouvidas 6.500 mulheres.

É possível enxergar a tendência de avanço em meio à lentidão do processo. Pela primeira vez na História temos uma mulher na presidência. Segundo um estudo do Banco Mundial, há mais donas de empresas na América Latina (35%) do que em outras regiões do mundo. Segundo o *Corporate Gender Gap Report 2010*, o Brasil é um dos países que mais têm empresas com gerentes mulheres na região (11%). A autoestima delas está em alta.

A transformação do papel da mulher é tão profunda que ultrapassa a fronteira do feminismo e implica transformação masculina. Estamos caminhando para uma redivisão de papéis que vai além dos gêneros. Tudo cada vez mais igual e também cada vez mais transparente. Com isso, nossa sociedade tende a se tornar mais feminina em diversos sentidos, uma tendência que certamente se refletirá no mercado consumidor.

> **pesquisa: ELAS NÃO QUEREM CASAR**
>
> Nos grupos focais realizados com jovens de quinze a dezessete anos em oito estados brasileiros, pedimos que eles se imaginassem dali a dez anos. Com revistas e tesouras à disposição, propusemos que recortassem imagens que refletissem essa visão de futuro. Entre os recortes das meninas, havia muitas crianças simbolizando o desejo de ter filhos, mas também – e principalmente – fotografias que representavam trabalho, trabalho e trabalho. Já entre os rapazes, também havia imagens recorrentes de trabalho, mas principalmente fotografias de famílias felizes. Conversando com essas jovens, entendemos que elas não sonham mais em casar. Agora quem quer são eles. Essa tendência mostrou-se muito mais forte nas classes mais baixas.

AS MULHERES VÃO ÀS COMPRAS

O fenômeno da valorização da mulher já está gerando mudanças no mercado e novas demandas de consumo, o que deve se acentuar na próxima década. Algumas empresas já entenderam a necessidade de agradá-las: a Porto Seguro, seguradora, por exemplo, oferece a elas "maridos postiços", ou seja, homens que prestam pequenos serviços de encanamento, eletricidade e consertos. Fabricantes de cosméticos passaram a valorizar a imagem real das mulheres em suas propagandas, sejam altas ou baixas, brancas ou negras, o que reforça a ideia de uma mulher com mais autoestima. Eletrodomésticos mais práticos surgirão, assim como crescerá a demanda por comida congelada para atender às necessidades de mulheres que estão no mercado de trabalho e não têm tempo para os afazeres domésticos.

A mulher negra ganhará o espaço que lhe é devido nas estratégias de marketing e no catálogo de produtos. Produtos para negras, como cosméticos para cabelos e pele, já cresceram acima da média.

OS NEGROS

> *O negro é quem mais sofre pela falta de educação, e justamente por isso não consegue ter condições de lutar contra o preconceito.*
>
> **Falcão**

Na última década, revistas especializadas para negros foram lançadas e as prateleiras se encheram de produtos para essa população. Em 2009, pela primeira vez, uma negra (a atriz Taís Araújo) foi protagonista de uma novela das oito na Globo, a *Viver a Vida*, de Manoel Carlos. O percentual de negros e pardos no total da população cresceu de 46% para 51%, segundo o IBGE. Nenhum desses fatos tem a ver com aumento real da população negra, mas sim com o da autoestima, que leva um maior número de pessoas a reconhecerem-se como não brancas.

O aquecimento da economia, que tirou milhões de brasileiros da pobreza, tem beneficiado muito os negros. A renda dessa fatia da população está crescendo quatro vezes mais do que a do branco, o que gera uma importante força econômica. Como consequência, a proporção de negros na nova classe média subiu de 39,24% para 50,87%. Soma-se a isso um movimento de maior acesso à educação: a proporção de negros e pardos nas universidades públicas atingiu 39% e 34% nas privadas em 2009, um aumento de 69% e 264%, respectivamente, em relação a 2001. De acordo com o *Relatório Anual das Desigualdades Raciais no Brasil 2007-2008*, elaborado pelo Instituto de Economia da Universidade Federal do Rio de Janeiro (UFRJ), 20,6 milhões de pessoas ingressaram no mercado de trabalho de 1995 a 2006. Destas, apenas 7,7 milhões eram brancos.

Qual é o resultado de toda essa transformação? O Brasil parece estar se redimindo de sua mais histórica injustiça social. Embora já vejamos conquistas, a sociedade terá ainda de lidar com seus preconceitos. Por isso, os movimentos sociais negros estão se multiplicando no país. Os negros conquistarão o espaço que lhes é devido, e o mercado terá de se adaptar a isso.

GAY-FRIENDLY

Por falar em preconceitos, já está delineada a tendência de maior aceitação dos homossexuais – e, consequentemente, o crescimento de um mercado significativo. Símbolos desse fenômeno são a aprovação do casamento de homossexuais e as manifestações de respeito à comunidade GLBTS, como a Parada Gay, que crescem em todo o Brasil. Segundo os organizadores, a de São Paulo, que acontece desde 1996, reuniu cerca de 4,5 milhões de pessoas na Avenida Paulista em 2011. Já são mais de 150 paradas realizadas em todo o país.

Uma pesquisa realizada pela InSearch, que entrevistou 5.315 homossexuais em 52 cidades de 17 Estados brasileiros, aponta que a população gay em sua maioria é leitora de jornais (88%), revistas (94%) e livros (57% compram até oito livros por ano), gosta de ir ao cinema (73% vão três vezes por mês) e ao teatro (46% assistem uma peça por mês). Já as estimativas da Associação de Turismo GLS (Abrat-GLS) revelam que os homossexuais viajam cerca de seis vezes por ano, quatro vezes mais do que heterossexuais.

Juntos, gays, lésbicas, bissexuais e transsexuais têm renda anual de 150 bilhões de reais — 7,1% do PIB brasileiro —, segundo estimativas da Store Gestão e Marketing. Esse perfil econômico e cultural fez da população gay um mercado consumidor visado e atraente.

Grandes empresas já estão se adaptando para se tornarem *gay-friendly*. A TAM Viagens, por exemplo, vende pacotes específicos para a comunidade. A Tecnisa chegou até a contratar o jornalista Marcelo Bonfá para dar um curso de boas maneiras para seus funcionários. O temor da construtora era que fossem cometidas gafes com seus novos consumidores quando passaram a construir e anunciar empreendimentos voltados ao público gay. Bonfá explicou aos corretores que os homossexuais só querem ser tratados como tudo mundo, e que a iniciativa compensa: "A maioria não tem gasto com filhos e não se importa em pagar mais caro por um atendimento personalizado". Em 2005, mais de 12% do faturamento da empresa vinha desse mercado.

A tendência é que o atendimento *gay-friendly* se espalhe por um número maior de empresas. E, talvez assim, transformações culturais aconteçam: 65% dos homossexuais já sofreram algum tipo de discriminação. Nenhuma lei contra a homofobia foi aprovada até o momento.

A MAIORIA EVANGÉLICA

> *O avanço dos evangélicos introduziu no Brasil um movimento mais conservador em uma cultura que sempre se orgulhou de ser descontraída.*
>
> **Renato Janine**

E agora, vai?

Se a taxa de crescimento da população evangélica no Brasil se mantiver a mesma dos últimos quarenta anos, ou seja, seis vezes maior do que a da população total, em 2020 a maioria brasileira será evangélica. No entanto, ainda que o número de evangélicos continue crescendo, o ritmo vem perdendo força nos últimos anos. Mesmo que não cheguem a ser maioria, eles são – e continuarão sendo – uma parcela significativa da população, o que traz mudanças importantes para a sociedade brasileira. Os evangélicos, por exemplo, prezam pela educação, já que a leitura da Bíblia é obrigatória. A família tradicional também é bastante valorizada, o que leva a uma diminuição no número de divórcios. O consumo de bebidas alcoólicas também é menor entre os que seguem essa religião.

Uma das dúvidas provenientes desse aumento significativo dos evangélicos é a sua participação na política. Entre 2007 e 2012, havia 32 deputados evangélicos na Câmara. Mas esse número chegou a 56 na gestão anterior. A participação desses políticos, diretamente associada a suas respectivas igrejas, chegou a levantar questionamentos sobre a influência da religião no poder político. No entanto, não acredito que os evangélicos "tomarão o poder" pela simples natureza descentralizada de todas essas igrejas – evangélicos, pentecostais e neopentecostais não enxergam muitas afinidades entre si. Essa é mais uma dificuldade à qual o mercado deve se adaptar para compreender essa parcela significativa da população.

A SOCIEDADE BRASILEIRA, POR SI SÓ...

A partir de agora e para 2022, vislumbramos uma grande transformação na sociedade brasileira: será mais igualitária, educada e próspera. Os jovens adultos brasileiros desse breve futuro serão a primeira geração a ter crescido e se educado em um país cheio de esperança, futuro e fé. A grande maioria terá acesso à educação, à tecnologia e à informação. Teremos cidadania e seremos exigentes com nosso governo e com as empresas. Já estamos aprendendo a planejar e poupar, talvez ainda tropeçando um pouco no duro aprendizado sobre a vida financeira.

A próxima década será de embates também, como é de se esperar de momentos de mudanças. Durante mais de 500 anos fomos o país da Casa Grande e Senzala ou, como dizia o ex-ministro Edmar Bacha, éramos uma Belíndia – uma grande "Índia" com uma "Bélgica" incrustada em seu peito. Sempre fomos um país desigual, uma "Bélgica" que nunca entendeu a "Índia" que a cercava. Mas agora, com a ascensão social dessa "Índia" brasileira, ou com a invasão da Casa Grande pela Senzala, teremos conflitos na sociedade. Atualmente, alguns desses sintomas já são percebidos. Em 2011, por exemplo, quando foi anunciado o plano de uma estação de metrô no rico bairro paulistano de Higienópolis, os moradores se revoltaram. Alguns não contiveram comentários infelizes sobre não querer facilitar o acesso dos pobres ao seu bairro, o que foi amplamente noticiado pelos jornais. Protestos surgiram pelas redes sociais e tomaram a frente do *shopping* do bairro. Meses depois, o mesmo embate se deu em Ipanema, no Rio de Janeiro.

É difícil imaginar a consolidação dos mercados da classe C, dos negros, dos gays e dos evangélicos sem rusgas diversas, como entre a nova classe média e a elite, os evangélicos e os católicos, os conservadores e os homossexuais. O mesmo se dará entre as regiões e estados brasileiros, que terão de se adaptar a uma forte descentralização econômica e política, um dos temas do capítulo 4.

A população brasileira deverá assumir de vez sua pluralidade, seu caráter de "cadinho de raças", o que nos dá enormes vantagens na globalização. Mas isso já é tema do próximo capítulo.

2

OS RISCOS E AVANÇOS DE UMA CULTURA EM TRANSFORMAÇÃO

O brasileiro, depois de décadas de inflação e longo período sem o exercício da democracia, começou a aumentar a capacidade de escolher e exigir. Isso não apenas no que diz respeito ao poder de compra, mas ao de decisão também. Quer dizer, melhorou o gosto, melhorou a demanda de determinados produtos.

Luiz Carlos Trabuco

Aquele cordial brasileiro, de que falava Belchior, está sumindo. Está ficando mais esperto, até mais desumano, por conta das circunstâncias e das coisas que chegam até ele. Observo o homem do interior: o cidadão ingênuo, o Jeca Tatu mesmo, não existe mais.

Falcão

Falar sobre cultura e identidade nacional em um país de proporções continentais como o Brasil é das tarefas mais difíceis, seja para abordar o passado ou o presente, que dirá o futuro. Por outro lado, é inevitável perceber a onda de abrangentes transformações culturais que nos aguarda na próxima década. O Brasil econômico está mudando, o Brasil agrícola está mudando, as classes sociais já não são mais as mesmas e os grandes eixos regionais de mercado e informações serão outros. Essas revoluções levam a mudanças de cultura, que transformam – e cada vez mais o farão – a maneira como nos enxergamos, nossos valores e até nossa forma de comprar e consumir. A velocidade e a intensidade dessas mudanças culturais, entretanto – e infelizmente –, não estão atreladas à suficiente melhoria, já iniciada, da educação. Porque, como já colocado, só por meio da educação seremos cidadãos, e até consumidores, melhores.

Os principais aspectos dessa nova identidade nacional são maior autoestima e autoconfiança e o surgimento, ainda que incipiente, de uma cultura de questionamento. Se o brasileiro de vinte anos atrás, em linhas gerais, aceitava tudo de todos como consumidor e como cidadão, hoje e na próxima década saberá cada vez mais sobre os seus direitos. Se o brasileiro era descrente do potencial do país e sofria de um complexo de inferioridade, o crescimento econômico, o maior acesso à educação e à informação, a democratização da cultura e a valorização do Brasil lá fora estão mudando esse quadro.

DEMOCRATIZAÇÃO DA CULTURA

> *Acho que a gente já tem nossa Hollywood, que é a Globo. É o mesmo sistema para tudo. A Globo Filmes, por exemplo, é a maior distribuidora de filmes que usa a própria rede para se autoalimentar e diversifica o público com a mesma matriz.*
>
> **Marcio Meirelles**

Um forte símbolo dessa nova identidade brasileira é o cinema. Se no começo da década passada o filme nacional mais falado, assistido e premiado foi *Cidade de Deus* (2002) e sua retratação da terrível realidade nas favelas, os grandes *blockbusters* em 2007 e 2010 foram os *Tropa de Elite* 1 e 2. Com esses dois últimos, o país ganhou seu primeiro herói desde Ayrton Senna, um policial que combate o crime e a corrupção.

A representação dos anseios da sociedade nas telonas começou a ser acompanhada por uma descentralização dos investimentos em equipamentos culturais. Atualmente, existem cerca de 2.100 cinemas em todo o Brasil, mas só o Estado de São Paulo tem 722, 34% do total. Já Roraima tem apenas duas salas de cinema. Mas isso vai mudar, porque da ascensão vertical surge a ascensão horizontal ou circular, que é o acesso à cultura. Só em 2010, o mercado brasileiro de entretenimento e mídia ampliou-se em 15,3%, o maior crescimento entre as principais economias do mundo, e atingiu 33,1 bilhões de dólares. Eventos culturais assumem proporções cada vez mais grandiosas. A Virada Cultural de São Paulo em 2011, por exemplo, recebeu público de 4 milhões de pessoas. A Bienal do Livro, na mesma cidade, teve 750 mil visitantes em 2010, ano em que a Bienal Internacional de Arte de São Paulo foi visitada por 740 mil pessoas. Também conseguem públicos na casa das centenas de milhares o Salão do Automóvel e o GP Brasil de Fórmula 1. Mas São Paulo e Rio de Janeiro não são os únicos polos culturais. A Festa Literária Internacional de Parati (Flip) reuniu milhares de pessoas em 2011, assim como a Bienal do Livro de Recife, o Cine Ceará e o Festival Arroz e Feijão de Cinema Pitágoras, em Belo Horizonte, entre muitos outros. As ordens de grandeza do mercado cultural é que são a grande novidade. Não tínhamos grandes números, como também não tínhamos essa profusão de grandes shows, musicais e espetáculos. Afinal, antes a cultura era apenas destinada às classes A e B.

A tendência é assistirmos, nos próximos anos, ao verdadeiro nascimento da indústria da cultura. Se hoje a televisão já é uma indústria sustentável e lucrativa, a chamada Economia Criativa vai começar a se expandir e a criar mercado em proporções de fato industriais. Veremos a volta do cinema a preços populares e passaremos a ter *blockbusters* nacionais em quantidade e frequência muito maiores. Serão dois os fatores impulsionadores dessa indústria: o crescimento da classe média brasileira e, portanto, o aumento do consumo e do acesso à cultura e à informação; e a maior valorização de nossa cultura pelo mercado interno, que exigirá mais produções nacionais. Um bom exemplo que já está sendo discutido é a exigência, inclusive por lei, de que as emissoras a cabo no Brasil tenham conteúdo nacional.

Enquanto presenciamos o começo do desenvolvimento da indústria cultural, observamos manifestações de mudanças de identidade importantes na mídia que ainda tem alcance absoluto em nosso país, a televisão. A novela *Fina Estampa*, que começou a ser exibida pela Rede Globo em agosto de 2011, teve como protagonista, pela primeira vez, uma mulher da classe C. Pereirão, como foi apelidada a personagem de Lília Cabral, era uma mulher batalhadora e trabalhadora que virou multimilionária ao ganhar na loteria. Mas ela não saiu por aí gastando, movida pelo deslumbramento: consumiu com responsabilidade e tinha muito orgulho de sua honestidade e de suas origens. Ou seja, as novelas deixaram de fazer uma separação tão radical entre os chamados "núcleo rico", "núcleo pobre" e, como visto antes, o "núcleo negro". A democracia e o crescimento econômico brasileiro chegaram às novelas. E que outra forma de expressão poderia tão bem representar e alimentar os anseios da sociedade brasileira e sua identidade? Se nos Estados Unidos da América um livro deu a tônica sobre o sonho americano, no Brasil só uma novela teria esse poder. Quando a Rede Globo, com o seu enorme poder de audiência, propõe uma personagem como Pereirão, consegue impactar como nenhuma outra mídia do país a consciência dos brasileiros. E, nesse caso, ela reforça uma transformação muito recente: a valorização por nossa sociedade de sua própria maioria. E agora o Pereirão começa a gerar filhos: as novelas *Avenida Brasil* e *Cheias de Charme*.

NOVOS EIXOS DA CULTURA

Os eixos brasileiros de produção cultural estão mudando. Comecei a observar isso na produção fonográfica, que antes acontecia principalmente no eixo Rio-São Paulo, mas que está se deslocando para Bahia, Ceará e Pará. Hoje em dia, Salvador, Fortaleza e Belém são os polos de maior produção da música popularzona mesmo, do brega. Isso tem a ver com o deslocamento da economia para essas cidades, que estão crescendo em termos populacionais e econômicos. Cito o Pará porque me impressiona bastante o movimento tecnobrega que está acontecendo por lá. As produções são enormes e completamente independentes. Isso é algo que mudou completamente. Hoje em dia, principalmente com a decadência da TV aberta, você não precisa mais ir ao Faustão e ao Gugu. Na minha época, eram só esses os canais. Agora tem o poder da Internet e da mídia independente.

Falcão

COISA DE POBRE X COISA DE RICO

Antigamente, as lojas das Casas Bahia não tinham ar-condicionado. Agora têm.

Michael Klein

O enriquecimento do país acarretará em diversas mudanças culturais. Uma delas, ocasionada pelo já mencionado aumento do número de novos ricos na sociedade, é a glamorização. Quando os Estados Unidos viraram um país de novos ricos, sua cultura foi impactada pelo glamour, bem representado por Marylin Monroe, Jane Mansfield e tantas outras loiras opulentas. O mesmo deve acontecer no Brasil, só que à nossa maneira. O que seria isso? Recomendo que, se não sabe o que é uma festa tecnobrega, procure um vídeo no *YouTube*. Eu descreveria esses eventos como milhões de luzes, cores e deslumbre, assim como os shows de Gaby Amarantos, a Beyonce do Pará, que já emplacou uma de suas músicas como abertura de novela da Globo. Esse glamour permeia também a festa de Parintins e o carnaval do Rio de Janeiro. A televisão, percebendo essa tendência, criou um questionável programa de televisão cujas protagonistas são mulheres ricas e glamorosas. Mas isso é glamour? Para a maioria brasileira, é.

Pela mesma razão, além do glamour, assistiremos nos próximos anos o surgimento da cultura do conforto, uma grande novidade para o país. Como nenhum governante nunca se importou muito com o conforto da população, crescemos acostumados a longas e extenuantes filas nas repartições públicas e a ônibus construídos em cima de chassis de caminhões. O ar-condicionado dificilmente era encontrado ao norte do Rio de Janeiro, apesar das altas temperaturas, com exceção apenas das casas das classes mais altas, cujos moradores também não precisavam usar transporte público e davam um "jeitinho" de furar as filas. Mas quando a nova classe média e os novos ricos passaram a viajar para o exterior, encantaram-se com o conforto oferecido à população, com ônibus e trens abundantes e estações de metrô em cada esquina. O ar-condicionado está presente nas repartições públicas e há até papel higiênico de qualidade nos banheiros públicos. Demorou, mas começamos a enxergar uma tendência de mudança nesse sentido. Por causa do maior poder de compra adquirido pela maioria da nossa população, o nível de exigência aumentou. Empresas já começaram a perceber isso e, agora, oferecem mais conforto e comodidade a seus clientes. Esse é o primeiro passo para que o governo, com o objetivo de não perder prestígio em meio a essa nova realidade, passe também a oferecer conforto e comodidade aos cidadãos.

Nem todas as mudanças se referem ao consumo. Sabe-se que as classes mais baixas costumam ser mais solidárias do que as classes A e B. A Casa Grande pouco ajudou a Senzala de Gilberto Freire, a Bélgica brasileira em quase nada assistiu a Índia brasileira. Campanhas de solidariedade no Brasil sempre foram pífias. As universidades nos Estados Unidos da América recebem milhões de seus filhos bem-sucedidos. Aqui, nada. Na Índia, os ricos procuram ter em seu leque de investimentos aqueles de impacto social, um tipo de iniciativa escasso por aqui. A elite brasileira nunca foi caracterizada pelos seus atos de solidariedade. Por outro lado, a base da pirâmide tem por característica ajudar uns aos outros, seja por questão de necessidade, religiosidade ou falta de apoio das instituições e do governo. Portanto, com a maior distribuição de renda e o crescimento exponencial da classe média, enxergamos o aumento da solidariedade diretamente proporcional à melhoria das condições financeiras da classe C. Ou seja, é possível que, em um futuro breve, tenhamos uma sociedade mais generosa exigindo a mesma postura das empresas. Questões de responsabilidade social e ambiental, por meio de ações práticas e objetivas, serão de extrema importância para as companhias brasileiras, por exigência direta desse novo cidadão.

O OUTRO LADO

Se a população fosse formada mesmo, ela teria outros questionamentos. Aqui na Casa do Zezinho todos sabem os vereadores e os deputados em quem os pais votaram. E eles enchem a caixa desses vereadores com reclamações.

> *Mas não vejo isso no resto do Brasil. Dez anos é muito pouco para mudar, talvez seja preciso meio século. Já para acabar a diferença social, vão mil anos. Porque o PIB melhorou, no quesito de comprar iogurte. Mas e no quesito educação? E daí que podemos comprar iogurte?*
>
> **Dagmar Garroux**

> *De acordo com uma pesquisa do cientista político Alberto Almeida, no Nordeste 53% das pessoas acham que o político deve ser a pessoa que vai cuidar dos seus interesses e salvar sua família. Isso se dá por falta conhecimento. Acho que está acontecendo uma evolução nesse sentido. Muito lenta, mas está. E não estamos fazendo essa evolução pela escola, e sim pela internet.*
>
> **Lula Queiroga**

O Brasil ainda é um país imediatista. O jogo de cintura, ou o "jeitinho brasileiro" que nos é tão característico, tem seu lado bom, o da criatividade. No entanto, outra faceta nos prejudica, e muito: a falta de planejamento e de consciência cidadã. Acreditamos que para tudo exista um jeito, ou que pequenas "mutretas" são aceitáveis. No entanto, conforme ganharmos em autoestima, veremos o surgimento de uma cultura (ainda que incipiente) de questionamento. Pois, se o brasileiro de vinte anos atrás, em linhas gerais, não tinha o hábito de questionar, hoje – e na próxima década – terá cada vez mais consciência de seus direitos. E se o brasileiro era descrente do potencial do país e sofria de um complexo de inferioridade, o crescimento econômico, o maior alcance da educação e da informação, a democratização da cultura e a valorização do Brasil lá fora estão mudando esse quadro.

Um dos principais problemas do Brasil é a pouca participação da população na vida política do país. Nas últimas décadas, aconteceram movimentos que devem nos ajudar a reverter essa realidade. Primeiro, a redemocratização. Depois, iniciativas de inclusão da sociedade nas decisões, como o Orçamento Participativo, promovido pelo Partido dos Trabalhadores. No futuro, podemos esperar que, com mais acesso à educação e à informação e com a consequente ascensão circular, consigamos progredir na questão da consciência política. Mas ainda estamos longe de atingir esse objetivo: em 2007, o Banco Mundial divulgou uma pesquisa que apontava que a corrupção no Brasil era a pior em dez anos. Esse fato entristecedor só é possível porque ainda é muito pequena a parcela da sociedade que cobra o poder público. Nos Estados Unidos, por exemplo, em alguns Estados, já existem rascunhos de democracia direta, que possibilita aos cidadãos participar de decisões governamentais por meio da internet. Na Inglaterra, o programa de segurança já está sendo feito de maneira colaborativa. Isso significa um exercício de poder que obviamente vai se repetir no cidadão como consumidor, exigindo mais e mais seus direitos.

Mas por que esse processo de mudança é ainda tão devagar no Brasil? Infelizmente, temos uma herança histórica de descrença na política, algo difícil de ser mudado e que deve encontrar suas soluções bem depois do período de análise compreendido por este livro.

> **pesquisa: CORRUPÇÃO ENRAIZADA**
>
> Quando conversamos com jovens de quinze a dezessete anos de oito estados brasileiros e distintas classes sociais, deparamo-nos com um cenário pessimista, à primeira vista. Entre as frases que mais se repetiram e se destacaram estão:
> "Aqui no Brasil não há muitas regras"; "Tem coisa que a gente faz aqui que em outros países não pode"; "Aqui no Brasil é tudo banalizado"; "Tem uma letra [de funk] que é assim ó: *'o sonho das novinha é casar com um bandido'*"; "A corrupção na política nunca vai acabar. Sempre vai ter um que quer levar vantagem sobre o outro".
> As afirmações mostram, por um lado, uma tristeza em relação à realidade. No entanto, após uma análise mais aprofundada, percebe-se que o fato de exporem suas opiniões remete também à melhora na autoestima desses jovens, que não aceitam mais de cabeça baixa as injustiças sociais.

EXISTE MESMO UMA IDENTIDADE BRASILEIRA?

Na época da ditadura, se você colocasse uma bandeira do país na sua casa, já iam dizer que era a favor dos militares. Não havia orgulho de ser brasileiro. A única coisa de que se falava sobre o Brasil no exterior era o Pelé. E de oito anos para cá, do que se fala? Do Lula! Lá fora perguntam aos brasileiros sobre ele. E você encontra marcas do Brasil pelo mundo inteiro.

> *Estavam construindo um mega aeroporto em Trípoli, por exemplo, e a placa dizia Odebrecht.*
>
> **Fernando Morais**

> *O brasileiro é tolerante e será cada vez mais, inclusive oficialmente. Estamos à frente do mundo, junto com os melhores países, do ponto de vista da homoafetividade, de raça, de combater as coisas essencialmente ruins nos comportamentos sociais. O Brasil tem uma tendência de aceitar mudanças muito rápido, e isso é bom.*
>
> **Silvio Meira**

A discussão sobre a existência de fato de uma única identidade nacional é antiga entre os estudiosos. Todos os brasileiros se enxergam parte do mesmo país? Será que um morador do Acre entende o "ser brasileiro" da mesma forma que o paulista, o carioca ou o baiano?

Em 2001, estive em Manaus fazendo uma pesquisa e uma pessoa me disse algo que resume o que acredito ser a grande questão sobre a nossa identidade: "Olhe! Pela televisão eu sei tudo sobre São Paulo e Rio de Janeiro, mas tenho certeza de que eles não sabem nada sobre Manaus ou Amazonas. Eles acham que aqui tem jacaré andando na rua!". Por causa da centralização econômica e da mídia, o Brasil sempre foi um conjunto de culturas distintas, entre as quais a do Sudeste era a mais valorizada. Com a mudança do cenário econômico, no entanto, começou a ocorrer também uma descentralização da mídia e dos processos intelectuais, além de um aumento da autoestima de cada região e cada Estado. Em 2012, por exemplo, começou a ser exibida na TV Globo, que na maioria das vezes tem na programação o sotaque carioca, a primeira novela que se passa no Pará, *Amor, Eterno Amor*.

Mas a mudança não trata apenas do maior reconhecimento do Sudeste por outras regiões, e sim de um maior orgulho dentro dos próprios Estados. Pouco tempo atrás, por exemplo, seria ínfima a parcela da população que sentiria vontade de colar um adesivo com a bandeira de seu Estado no carro. Talvez algumas pessoas no Rio Grande do Sul e em Pernambuco, nesse caso por conta de uma campanha de um supermercado local que distribuía adesivos com o seguinte dizer: "Orgulho de ser nordestino". Hoje, isso está mudando. Como disse Alvin Tofler, escritor e pensador norte-americano, "a globalização acirra os tribalismos". O lugar onde nascemos, a nossa história e o seu bairro valem muito; e no Brasil de agora e de um futuro próximo, mais do que nunca. Embora os estadunidenses tenham tentado impor ao mundo sua visão da globalização, que deseja que o resto do mundo se "americanize", e não que eles se globalizem, Pernambuco quer ser Pernambuco, não quer ser Paris. Salvador não quer ser São Francisco, nem Nova Orleans.

Esse fenômeno, que causará muitas mudanças em nossa identidade, é causa e consequência da forte regionalização do mercado consumidor brasileiro, tendência que aprofundaremos mais à frente, mas que já tem feito empresas acordarem para a importância de entender cada uma das regiões do país e se posicionarem melhor em cada uma delas.

POPULAÇÃO CORDIAL

Essa coisa do carioca malandro, do baiano preguiçoso, em vez de ser uma coisa negativa é tomada como uma virtude, um orgulho.

Marcio Meirelles

O lado cafajeste pode se manifestar no Brasil, que é o que acontece quando se tem riqueza, mas não cultura. Como aconteceu na Rússia, que tinha uma civilização culta, mas, com os muitos anos de pouca educação, transformou-se em um país cafajeste. É um risco, sim. Nós temos, sim, um país de grandes desigualdades, o que tem de ser resolvido. É o grande mal do país.

Gloria Kalil

Nossa sociedade é consumista e, curiosamente, isso produz um senso de igualdade maior do que se não o fossemos. O lado negativo disso é que se tornou dominante a convicção de que as classes são definidas pela renda e pelo consumo. É o que vemos quando a nossa pirâmide de classes virou um losango. É como se as características fundamentais da estratificação de classes, como o acesso à cultura, tivessem um papel pouco importante.

Renato Janine Ribeiro

E agora, vai?

Somos e seremos um povo feliz, de fato. Segundo a pesquisa "Índice de Felicidade Futura", realizada pela Gallup, consultoria multinacional em gestão de negócios, o nosso índice de felicidade é 8,6 em uma escala de 1 a 10, mais alto do que os da Dinamarca (8,1), Irlanda (8), Suíça (7,8), Reino Unido (7,7) e Áustria (7,5). A felicidade, independente das circunstâncias, é uma característica atribuída a nós há muito tempo e já faz parte de nosso imaginário. Ela pode também ser lida como a cordialidade a que se referiram Sérgio Buarque de Holanda e Gilberto Freyre. Ou seja, uma atitude emocional e positiva mesmo diante de graves problemas, como a fome, a miséria, a discriminação e a violência.

É de se esperar e desejar – ao menos, este é meu desejo – que o desenvolvimento pelo qual a nossa sociedade está passando nos leve a rever alguns desses preconceitos que temos sobre nós mesmos. Além da cordialidade – tomara que tenhamos mais motivos que justifiquem a nossa felicidade –, temos como herança também a autoimagem de Macunaíma, o anti-herói da obra de Mário de Andrade. Ele, que não tem nenhum caráter e vive repetindo "ai, que preguiça", seria para o autor a representação da nossa identidade: "No fundo do mato-virgem nasceu Macunaíma, herói de nossa gente. Era preto retinto e filho do medo da noite". Ali, em 1928, surgia a primeira afirmação do nosso "jeitinho".

Mário de Andrade escreveu o seguinte prefácio para o livro: "O que me interessou em Macunaíma foi incontestavelmente a preocupação em que vivo, de trabalhar e descobrir o mais que possa a entidade nacional dos brasileiros. Ora, depois de pelejar muito, verifiquei uma coisa que me parece certa: o brasileiro não tem caráter. Pode ser que alguém já tenha falado isso antes de mim. Porém, a minha conclusão é uma novidade para mim, mesmo porque foi tirada da minha experiência. E com a palavra caráter não determino apenas uma realidade moral, não; em vez entendo a entidade psíquica permanente, manifestando-se por tudo, nos costumes, na ação exterior, no sentimento, na língua, na História, na andadura, tanto no bem como no mal. O brasileiro não tem caráter porque não possui nem civilização própria, nem consciência tradicional. Os franceses têm caráter e também os jorubas e os mexicanos. Seja porque civilização própria, perigo iminente ou consciência de séculos tenham auxiliado, o certo é que esses uns têm caráter. Brasileiro, não".

O prefácio não foi publicado junto com a obra, mas esclarece o pensamento da elite intelectual e social do começo do século. Agora, se os serviçais que trabalhavam ininterruptamente na casa do escritor (costume da época que se prolongou até pouquíssimo tempo) tivessem sido ouvidos, aposto que não se reconheceriam nessa imagem do preguiçoso mau caráter. Temos, sim, mau-caratismos e corrupção, mas não entendo porque aceitamos essa definição para nossa identidade. Seriamos nós Macunaímas? Seremos ainda no futuro?

A cultura brasileira, ou, mais especificamente, a valorização e o acesso da população a ela é talvez uma das grandes questões que ainda enfrentaremos rumo ao futuro. Hoje, temos condições e potenciais muito semelhantes aos que tinham os Estados Unidos da América no início de sua era de prosperidade. Se não temos oportunidades para todos, temos mais do que um dia já tivemos. Então, será que a bandeira brasileira chegará a inspirar o orgulho que os cidadãos estadunidenses sentem pela sua? Reformularemos a maneira como nos enxergamos como sociedade?

Sou otimista. Vejo no futuro próximo avanços enormes e quebra de paradigmas. Mas não consigo responder um grande "e se?", que surge junto com todas essas transformações. E se o brasileiro continuar enriquecendo, mas não conseguir vencer a batalha a favor da educação e contra a corrupção? Corremos o risco de virar um país canalha e de perdermos a chance de sermos de fato uma potência mundial. Então quais serão os heróis, os parâmetros morais e os limites sociais que vamos adotar? Enquanto refletimos sobre todas essas inquietantes possibilidades, falaremos, no capítulo a seguir, sobre o que é inevitável e certo no nosso futuro: o importante papel da tecnologia.

3

TECNOLOGIA: A QUEBRA DE PARADIGMA INEVITÁVEL

Tecnologia é um elemento transformador, que ajuda a reduzir o gap social. Porque ela dá a possibilidade das pessoas irem se apropriando muito rapidamente. E ela está ficando cada vez mais barata e de fácil acesso. Mas tem de ser utilizada, no âmbito da educação, não como um elemento pronto, mas como um meio de aprendizagem curioso, interessante, instigante.

Maria Tereza Perez

A maioria dos alunos de escolas públicas não tem acesso à informática na escola. Tem salas, mas não tem professor, ou então o computador não funciona. Ou seja, quem está incentivando o uso prático da tecnologia? O professor precisa aprender também.

Dagmar Garroux

A tecnologia já teve um papel muitíssimo importante nas transformações que ocorreram no país – e no mundo – nas últimas décadas, mas agora está prestes a impactar muito mais a nossa sociedade e o nosso mercado, e mais rapidamente. Já são 85 milhões de computadores no país, quantidade que está aumentando exponencialmente: só em 2011, as vendas de computadores no Brasil totalizaram 15,4 milhões de unidades, uma alta de 12% em relação ao ano anterior, segundo o grupo de pesquisa IDC. Dessa maneira, o país se torna o terceiro mercado de computadores do mundo, atrás apenas da China e dos Estados Unidos da América. Celulares, computadores e tablets se tornarão realmente produtos de consumo de massa nos próximos anos. Que estamos caminhando rumo a uma maior digitalização, é inegável. E, com isso, podemos esperar maior velocidade na democratização do ensino e na ampliação do acesso à informação. Também existe o surgimento, finalmente, da nossa própria geração Y.

Mas a revolução vai além: a partir de agora, as inovações serão disruptivas, capazes de mudar por completo modelos de negócios, produtos e até mesmo a resposta dos consumidores. Não é mais um mundo tecnológico, apenas, que temos pela frente, mas um mundo novo.

MAIS ACESSO

O que causará mudanças radicais nos próximos anos é a internet, que já é 1,5% do PIB do Brasil, mas que poderia

> *ser muito mais. Na Índia, já representa 3,2% do PIB. E isso é uma revolução muito mais radical do que a infraestrutura de eletricidade.*
>
> **Silvio Meira**

Só nos últimos três anos, mais de 45 milhões de brasileiros da classe C passaram a acessar a *web*, maior migração tecnológica já vista desde a chegada da televisão ao país, nos anos 1950. Em 2004, segundo o Target Group/Ibope, 65% dos internautas brasileiros pertenciam às classes A e B, enquanto 29% eram da classe C. Em cinco anos, essa diferença despencou de 36 para 8 pontos percentuais: ou seja, em 2009, as classes mais altas passaram a representar 50% desse total, ante 42% da classe média, que empata em número de internautas juntamente com os 8% das classes D e E. Esse crescimento da nova classe média na internet vem chamando tanto a atenção do mercado e dos especialistas que, no final de 2010, a consultoria estadunidense Razorfish realizou um estudo quantitativo e qualitativo nos três maiores mercados da América Latina: Brasil, México e Argentina, em parceria com o portal Terra. Os resultados do estudo, chamado *The Stampede* ("A debandada"), mostraram que estamos vivendo uma revolução digital. Pessoas que começaram a consumir eletroeletrônicos, móveis, motos e carros agora estão consumindo também dados, telefonia, computadores e acesso. Estão "antenadas", digitais e móveis.

O estudo também aponta quais são as motivações desse movimento. A principal razão para as pessoas buscarem o acesso à internet, e também a mais importante, é a possibilidade de educação e ascensão social oferecida pela rede. Os pais da nova classe média acreditam que a internet pode dar aos filhos "uma vida melhor, diferente daquela que tiveram".

Se olharmos para trás e nos lembrarmos da expansão estadunidense com suas grandes ferrovias, que invadiram o país e interligaram suas regiões de forma definitiva, temos, acredito eu, uma maior noção do papel que a tecnologia terá em nosso país. Até mesmo o governo está empenhado em algumas iniciativas para expandir a banda larga no Brasil. Segundo meta estabelecida pela presidente Dilma Roussef, 68% dos lares do país terão internet até 2014.

Isso vai trazer o que para o nosso país? Uma interação maior e melhor entre as pessoas, e muito mais barata, aumentando seu potencial. Você poderá ter uma empresa no Acre e vender para São Paulo. O Brasil vai se globalizar de vez. Ou melhor, vai se "abrasileirar". Nos próximos dez anos, esperamos que todo o sistema judiciário brasileiro seja informatizado, que todos os Detrans sejam interligados, enfim, que tenhamos, finalmente, um Estado federal digitalizado, trazendo mais agilidade e transparência aos processos. Nesse aspecto, as redes sociais terão ainda mais importância.

BOCA A BOCA DIGITAL

> *Redes sociais são o boca a boca expandido.*
> *Para se ter futuro, precisa estar bem nas redes sociais.*
>
> **Michael Klein**

> *90% das coberturas jornalísticas do mundo árabe estão*
> *sendo feitas por celulares. Com uma coisa do tamanho*
> *de uma caixa de fósforos, hoje, você filma tudo.*
>
> **Fernando Morais**

> *Está mais fácil opinar sobre questões nacionais e criar*
> *manifestações de amplo alcance, envolvendo 2 milhões*
> *de pessoas. São os "twitaços".*
>
> **Lula Queiroga**

O principal impulsionador do crescimento da internet no Brasil são as redes sociais. Como já foi amplamente divulgado, os brasileiros são grandes usuários delas. Segundo o Ibope, 85,6% dos brasileiros acessaram ao menos uma vez alguma rede social durante o mês de março de 2011, de casa ou do trabalho. Quem lidera a tendência, novamente, é a nova classe média: 45% das pessoas dessa classe utilizam redes sociais. E quem ainda não entrou, pretende. Já das classes D e E, o percentual de participação é de 10%. Ou seja, a maioria dos usuários dessas mídias é das classes sociais de menor poder aquisitivo. Isso acontece, segundo especialistas, porque as classes C, D e E, sobretudo as crianças, adolescentes e jovens

– e a maior população jovem do país está nessas classes sociais –, enxergam a internet como ponto de encontro, e não como mídia propriamente dita.

As redes sociais viraram o novo boca a boca, e empresas e governo tiveram de aprender a usá-las não só para divulgar seus produtos, serviços e ações, mas também para proteger sua imagem. Isso porque essas mídias possibilitaram o surgimento de "passeatas digitais". Com o amplo alcance possibilitado pelo Twitter, Orkut e Facebook, entre outros, os consumidores perceberam que suas reclamações tinham mais poder – assim como suas manifestações de aprovação. E, com isso, passaram a expor mais e mais suas opiniões e insatisfações publicamente. Estas, quando encontram coro, espalham-se rapidamente e podem representar graves ameaças ou ser o estopim para o sucesso. São muitos os casos em que a internet teve influência determinante sobre alguma iniciativa ou produto. A Arezzo, por exemplo, suspendeu as vendas de seus calçados e bolsas que utilizavam pele animal. A pressão popular pressionou o Superior Tribunal Federal a aprovar a Lei Ficha Limpa. Outro exemplo foi a passeata digital "coleira vermelha", contra a matança de cachorros. Aqui, o cenário que se constrói são das grandes passeatas digitais em defesa de causas que falam ao coração do brasileiro.

O segundo maior impulsionador do crescimento do acesso à internet são os cursos online. Assistiremos a um *boom* da educação online em todo o país por causa do potencial da rede em preencher a lacuna do acesso do brasileiro médio, de todos os recantos do país, à escola. É claro que isso vai gerar, mais uma vez – e assim deve ser –, uma discussão sobre a qualidade do ensino. Porém, centenas de empresas devem surgir para abraçar esse novo mercado em sua plena potência. Já existem aqui cursos de inglês que podem ser ministrados via celular e que visam a atender a demanda de uma grande fatia da população, que gasta até três horas por dia no transporte público. No entanto, as iniciativas ainda são incipientes se comparadas a alguns países ricos. Nos Estados Unidos, por exemplo, surgiu a Khan Academy (www.khanacademy.org), site criado pelo visionário Salman Khan, em que 3 mil videoaulas sobre as mais diferentes matérias são transmitidos pela internet e têm mais de 60 milhões de acessos. O Google já destinou 2 bilhões de dólares para que o site seja traduzido para pelo menos dez línguas, inclusive o português, até 2012. Em razão da enorme demanda não atendida de nosso país, a possibilidade de fenômenos como esse aflorarem e se destacarem no Brasil é enorme.

O *BOOM* DA MOBILIDADE

A impressora 3D vai revolucionar a indústria mundial. Será uma nova Revolução Industrial, que resultará em uma era na qual a produção não será necesssariamente de massa.

Marcelo Lacerda

> *Começamos a ver o nascimento do "microtédio". Ninguém aguenta mais ficar um minuto sem fazer nada que logo sente tédio. E isso vai afetar o futuro do mobile no Brasil e no mundo.*
>
> **Marcelo Castelo**

Outro bom exemplo do poder de consumo digital da classe C está na telefonia e na internet móveis. Em 2010, já havia 202,94 milhões de telefones celulares no Brasil, um crescimento de 16,66% em relação a 2009. Em janeiro de 2012, chegamos a 245,2 milhões de celulares, de acordo com a Anatel. Destes, 81,86% são pré-pagos. O que levou, e ainda levará, ao forte crescimento da telefonia celular foi a compreensão da necessidade de se adequar à realidade da classe C para ampliar seu alcance. O valor alto do minuto cobrado pelas operadoras móveis era impeditivo para a classe média. Em 2009, a TIM resolveu mergulhar na base da pirâmide e criou um plano que não mais tarifaria as ligações por minuto, mas sim por chamada. Ou seja, quem telefonasse pagaria somente o primeiro minuto da ligação e, depois disso, poderia falar à vontade. Tamanho foi o sucesso da iniciativa que a base de assinantes aumentou em 32 milhões de linhas em pouco mais de um ano e meio.

Os celulares 3G, que permitem conexão com a internet, já ultrapassam 22,8 milhões, mais que o dobro (106,7%) do total registrado em julho de 2010. O atual desafio das empresas de telefonia é o de tornar a banda larga móvel mais acessível também para a base pré-paga. Segundo o Target Group/Ibope, 39% dos celulares das classes A e B têm acesso à internet, apenas 21% da classe C e 12% das classes D e E. Um aumento tão rápido do acesso à internet no celular aponta que o brasileiro está se digitalizando verdadeiramente pelo mobile, e não pelo desktop. Ou seja, há aqui uma importante oportunidade. Se somarmos a facilidade da tecnologia aos preços acessíveis (já há celulares com capacidade operacional de um computador, só que mais baratos), e também aos engarrafamentos das grandes cidades, que só aumentam o tempo de permanência dos consumidores nos metrôs, trens e ônibus, o espaço para maior penetração da internet móvel é enorme. Como usar esse tempo desperdiçado no transporte público? Como se divertir nesses longos períodos de tempo? Ou seja, como curar o microtédio, fenômeno crescente que faz com que as pessoas se entediem rapidamente e busquem distração em aparelhos eletrônicos?

Na pesquisa realizada pela W/McCann e pelo Instituto Ipsops Media CT, 18,5% dos aparelhos celulares no Brasil transmitem televisão, ou seja, aproximadamente 10 milhões de aparelhos. A Motorola já disponibiliza uma tecnologia chamada *"SocialTv Companion"*, que agrega as funcionalidades das redes sociais ao guia de programação e pode ser instalada em tablets e celulares.

E a Motorola Mobility, maior fornecedora mundial de decodificadores de televisão por assinatura, acabou de ser adquirida pelo Google.

Já em relação aos tablets, até o começo de 2012 estimava-se que tinham sido comercializados no Brasil apenas 450 mil unidades, um fenômeno de consumo ainda travado pelos altos preços. No entanto, para o futuro próximo e graças ao esforço do Governo Federal para abrir mão de impostos no que se refere aos tablets, parece que estes se transformarão no meio mais barato e fácil de se digitalizar. Restam as questões sobre como os modelos de negócio e quais empresas se beneficiarão com isso. De acordo com Charlie Wolf, analista do Instituto de Pesquisa Needham, o tablet da Apple será o preferido dos consumidores durante pelo menos a próxima década. As projeções do analista indicam que o iPad ainda terá 60% de participação de mercado em 2020. "Ele (iPad) encerrará este ano com 85% dessa fatia; e, ainda que essa porcentagem decline gradualmente nos anos seguintes, ela nunca cairá tanto ao ponto de a Apple perder a liderança que reivindicou quando o aparelho foi lançado", explica. Para 2016, tudo indica que o tablet da Apple ainda irá deter 70% do mercado e, para isso, terá de produzir aproximadamente 116 milhões de unidades. E talvez o principal motivo dessa liderança seja o fato de que até agora nenhum outro tablet caiu no gosto do freguês. Aos novos modelos que chegam ao mercado, como o Xoom, da Motorola, o PlayBook, da RIM, e o TouchPad, da HP, a recepção tem sido "um bocejo" e "vendas sem brilho", na avaliação do analista. Mas a opinião dele não é consenso. Em julho de 2011, a empresa de pesquisa Informa afirmou que os tablets com a plataforma Android, do Google, irão ultrapassar o iPad da Apple em vendas até 2016. Ela prevê que a participação do iPad no mercado caia 39% em 2015 e que a do Android cresça 38%. A segunda previsão parece mais razoável, já que, embora a plataforma da Apple seja ainda a mais intuitiva, a empresa não se proporá a diminuir o preço, o que a afasta da maioria.

Em quatro ou cinco anos, os tablets serão a plataforma de ensino das grandes instituições, contendo a maioria dos livros e apostilas empregados pelas escolas. O Ministério da Educação já anunciou em 2012 a compra de 600 mil tablets para as escolas públicas, uma iniciativa que gerou polêmica devido à falta de planejamento didático sobre como os aparelhos serão usados.

IMPRESSORA 3D E AS INOVAÇÕES DISRUPTIVAS

A tecnologia é capaz de revolucionar produtos, modelos de negócio e modos produtivos de maneiras impensáveis. Isso não é novidade. A novidade é a velocidade e o poder de ruptura que se apresentam como tendência das inovações tecnológicas.

Exatamente por essa razão é quase impossível prever o que nos aguarda em termos de tecnologia para a próxima década. Por exemplo, quem imaginaria, há cinquenta, dez ou cinco anos, que hoje teríamos um carro de 2,5 mil dólares. Até a década de 1920, quando a Ford revolucionou o modo de produção dos automóveis, eles eram objeto de consumo de uma ínfima minoria abastada. De lá para cá, o carro se popularizou enormemente, tornando-se até mesmo um problema para as cidades. Mas o que até então era tido como "popular" para nós, tornou-se caríssimo – de fato, ainda é inacessível para uma grande parcela da população mundial – diante de novos parâmetros, como o Tato Nano, automóvel lançado pela Tata Motors em 2008, que faz 20 km/l e custa menos que algumas bolsas de luxo de mulher.

Uma grande revolução é previsível e já está acontecendo: a popularização da impressora 3D. A nova geração de impressoras 3D imprime objetos iguais aos fabricados nas linhas de produção industriais e com praticamente os mesmos materiais. E essa não será uma evolução aritmética, mas sim uma ruptura com potencial para iniciar uma segunda Revolução Industrial. Em outras palavras: o avanço proporcionado pela tecnologia 3D deve representar para o século XXI um efeito transformador semelhante ao provocado pela primeira Revolução Industrial. Esse mesmo efeito tornou viável a produção em escala e, consequentemente, o barateamento sem precedentes do preço das mercadorias que modificou a economia capitalista. A diferença é que agora a nova tecnologia de produção trilha uma direção exatamente oposta. A fabricação de objetos como armações de óculos, objetos de decoração, acessórios, copos etc. vai dar lugar aos produtos personalizados e exclusivos, feitos sob medida e até mesmo na casa do consumidor.

O conceito em que se baseia a impressão 3D é o da manufatura aditiva, na qual os objetos são construídos a partir da deposição de material em camadas na quantidade necessária. Esse é um processo bem distinto do tradicional, chamado de subtrativo, no qual a fabricação se dá por meio do corte, da deformação ou do desgaste dos materiais. O novo método é mais eficiente no uso das matérias-primas e permite a produção em baixa escala sem aumentar tanto os custos. Por isso, ele sempre foi a opção natural para a fabricação de protótipos. No futuro, as prateleiras das lojas estarão forradas com as mais diversas mercadorias impressas, desde peças para automóveis e eletrodomésticos até partes de aeronaves. À primeira vista, isso pode parecer um devaneio futurista, mas não é. Trata-se de uma revolução que já começou e avança rapidamente, como indica uma pesquisa feita pela consultoria americana Wohlers Associates. O estudo constata que cerca de 20% dos objetos feitos com impressoras 3D no mundo são produtos acabados, prontos para a comercialização, e não apenas protótipos. E até 2020 essa participação deve subir para 50%.

Diante desse cenário, surge a pergunta: as impressoras 3D serão capazes de substituir o tradicional processo industrial? Ou seja, as empresas vão aposentar o processo de produção atual? Não. Acredito que os dois modelos serão adotados conforme as demandas específicas das companhias e dos consumidores. É pouco provável, por exemplo, que uma montadora fabrique toda a sua linha de carros com impressoras 3D. No entanto, é importante perceber que o processo fabril perderá importância para a criação e para o design. Por exemplo, dá para imaginar o desenvolvimento de um veículo customizado destinado à classe AAA. Em casos como este, a impressora 3D cai como uma luva para atender com rapidez e custos menores a demanda por personalização do consumo. E esta será apenas uma das inovações sem precedentes que estamos prestes a conhecer.

4

A QUESTÃO DA SUSTENTABILIDADE: NÃO BASTA PRESERVAR

> Ninguém sabe até que ponto teremos de brigar por recursos, porque parece que a universalidade é essa. Quando faltar para os outros, vão pegar aqui, depois vamos pegar do vizinho. Estamos desperdiçando muita energia, por exemplo, embora exploremos novas fontes. Já era tempo de haver uma compreensão mundial bem equilibrada sobre isso, e acho que não há.
>
> **Fausto Nilo**

> Não cabe mais carro no mundo, nem fumaça.
>
> **Paulo Lima**

> O Brasil descobriu e começou a operar o pré-sal. Ou seja, exatamente quando a gente devia estar saindo de uma economia de fóssil carbono para uma economia

> *sustentável e renovável, descobrimos o pré-sal. Com isso vem a maldição do óleo, porque você fura, bombeia e cai nota de dólar na conta do Brasil, o que pode compensar outros números negativos. Mas é um negócio finito, de baixíssimo valor agregado. Uma hora, quando acabar, o que vamos fazer?*
>
> **Silvio Meira**

Não importa o quanto se fale sobre sustentabilidade no Brasil e no mundo. Falar de futuro sem refletir sobre meio ambiente já não é mais possível, em razão da gravidade e importância da situação atual. A relevância da reflexão mostra-se ainda maior para um país em desenvolvimento. Além de o aquecimento global e suas consequências serem problema de todos os países – talvez seja o que há de mais globalizado em todo o cenário atual –, a necessidade urgente de buscar sustentabilidade é mais clara e evidente na Europa, nos Estados Unidos e no Japão, por se tratar de mercados maduros. Esses países estão na festa do consumo há anos. Por outro lado, nós, Brasil e demais países emergentes, estamos só começando.

A principal particularidade da discussão sobre sustentabilidade em países emergentes é a questão financeira. Para colocar isso de maneira simples, imagine a dificuldade de convencer um morador de Paraisópolis (favela da cidade de São Paulo) ou do Nordeste de Amaralina (bairro carente de Salvador) a pagar mais caro por um produto ou serviço porque ele é sustentável. Ao empecilho financeiro soma-se o ainda o precário acesso à educação e informação, sobre o qual falamos alguns capítulos antes. As gerações brasileiras de hoje com poder de compra e decisão são formadas por uma grande maioria que teve pouco ou nenhum acesso à educação. Essa realidade, por motivos óbvios, dificulta a compreensão e a convicção da importância de se fazer escolhas certas pelo meio ambiente. Para o futuro, o cenário é mais otimista, já que a sustentabilidade está na pauta das escolas.

O resultado da educação ambiental é visível. Realizamos uma pesquisa qualitativa chamada *O Brasil visto pelos Brasileirinhos*, com mais de cem crianças em cinco estados brasileiros. Entre os resultados, uma conclusão é particularmente animadora: a maioria das crianças tem uma forte e fundamentada determinação em colaborar com a preservação da natureza. Estão preocupadas com o rio Tietê, com a Amazônia e com o estrago que fará o plástico descartado no meio ambiente.

O crescimento econômico do país é, por um lado, outro aspecto que nos permite traçar cenários positivos em relação a essa questão. Com a nova classe média, aumentam as chances de haver uma maior conscientização e preocupação com a preservação da natureza pelo simples motivo da autoestima aumentar, além da inegável característica de as classes mais baixas serem mais solidárias e preocupadas com o outro. De acordo com pesquisa realizada pelo Instituto

Akatu em 2010, 51% dos brasileiros têm algum interesse no tema sustentabilidade (destes, 7% seriam influenciadores, 33% interessados e informados e 11% apenas interessados).

O Brasil está na mira do mundo todo, o que só deve aumentar com a Copa do Mundo e as Olimpíadas, eventos que, por si só, já levantam a bandeira do meio ambiente. Nesse aspecto, há também a maior participação das mulheres na economia e na política, já que elas tendem a ser mais adeptas ao planejamento e ao cuidado. É possível que esse futuro brasileiro, mais consciente, solidário e com autoestima mais elevada, passe a cuidar melhor de seu país. Outro fator importante é a imprensa, que parece ter adotado esta "causa". Multiplicaram-se nos últimos anos as matérias, cadernos e até edições especiais sobre meio ambiente e sustentabilidade social.

A SUSTENTABILIDADE COMO NOVO PARADIGMA

Houve três mudanças de paradigma que afetaram a percepção dos indivíduos quanto ao futuro. A primeira foi a mudança de paradigma de trabalho, que se flexibilizou enormemente. A segunda é relacionada aos recursos naturais, que de repente se tornaram finitos. A terceira, que está até sendo revertida, foi a diminuição do papel do Estado como força de proteção social. Isso levou insegurança e incerteza para os cidadãos, e começamos a procurar onde é que estão os poderes na sociedade. Não digo que seja um processo consciente, mas a mudança resultou em olhar para outras fontes de poder como solução para processos de melhoria, desenvolvimento da sociedade e proteção do meio ambiente.

> Passou-se a enxergar esse papel nas empresas. Portanto, o movimento da responsabilidade social ocorre, de um lado, porque as empresas perceberam que responder a esse elemento ético é um jeito de manter a sua licença social, e que há possibilidades de mercado nisso. A área social passa a ser diferencial competitivo. No Brasil, ainda há o fato de a imprensa ter adotado essa causa, o que faz com que seja um fator importante para a imagem.
>
> Hélio Mattar

EMPRESAS VERDES

Um fenômeno que surgiu dessa corrida pela preservação da natureza é a liderança isolada das corporações. No livro *Conversas com líderes sustentáveis*, o autor Ricardo Voltolini aponta que, das cem maiores economias do mundo, cinquenta e uma são empresas – cujos faturamentos deixam para trás PIBs de cerca de noventa países. Os números são ainda mais impressionantes: as duzentas maiores corporações controlam sozinhas mais de um quarto da atividade econômica global. Portanto, não é de se estranhar que a pressão dos consumidores seja mais eficaz do que a pressão dos cidadãos.

Quando o Banco Santander comprou o Banco Real, por exemplo, não foi à toa que decidiu adotar a bandeira "verde" do outro. Sabia da importância desse posicionamento junto ao seu cliente e consumidor. Já a Nestlé investiu em uma ação no festival SWU (sigla para *Starts*

With You – "Começa Com Você", em português), evento que levanta a bandeira da sustentabilidade e que visa a criar a imagem de que se preocupa com o meio ambiente. A ação da Nestlé consistia em colocar bicicletas ergométricas no festival que geravam energia para recarregar celulares. O Banco Itaú também entrou nessa: disponibilizou bicicletas por toda a zona sul do Rio de Janeiro, construindo sua imagem em cima da sustentabilidade.

O empoderamento do consumidor, as redes sociais e a concorrência mais acirrada fizeram com que as empresas passassem a prestar mais atenção ao que os consumidores desejam e reivindicam. Ao redor do mundo e aqui, ser amigo do meio ambiente é cada vez mais importante. E as empresas perceberam isso antes mesmo dos governos. Foi aberto um fundo de investimentos aqui no Brasil chamado VOX Capital, cuja missão é "a redução de desigualdades por meio de negócios inovadores". Seu fundador, o empresário Antonio Moraes Neto, afirmou: "vamos captar 40 milhões de dólares para destinar a dez empresas que invistam na melhoria de vida na base da pirâmide". A Braskem lançou o plástico verde, feito a partir da cana-de-açúcar. O Instituto Akatu promove diversas ações incentivando o consumo consciente.

Por outro lado, essa é uma tendência que não foi percebida, ou abraçada, pelos governos. As iniciativas ainda são incipientes. O Governo do Rio de Janeiro, por exemplo, assinou um contrato com a Light para a captação de energia solar no Maracanã. No entanto, o impacto dessa medida ainda é questionável. O uso das bicicletas está sendo incentivado no Rio de Janeiro e em São Paulo, mas nenhuma delas possui infraestrutura para que esses veículos sejam realmente uma alternativa, e não usados somente com fins recreativos. E por aí vai.

O FUTURO DO MEIO AMBIENTE NO BRASIL

Esse é o triângulo do desafio para o nosso futuro: meio ambiente, mobilidade e energia.

Expedito Parente

É possível construir dois cenários bem definidos e distintos para o futuro da questão da sustentabilidade no país. O cenário positivo abrange uma melhora substancial na educação, referente ao meio ambiente como um todo. Pressões externas que impulsionem o governo brasileiro a proteger a Floresta Amazônia, o Pantanal e demais riquezas naturais são previstas. Nesse mesmo cenário, temos um cidadão da nova classe média muito mais educado financeiramente após esses primeiros anos de consumo.

Por outro lado, ainda não é possível determinar com precisão as consequências da recente onda de rápido crescimento econômico. Será que nos tornaremos um povo tão consumista quanto o americano, desenvolvendo uma cultura de consumo em resposta ao avanço econômico, na qual quanto mais possuir, melhor? Os japoneses fizeram diferente: eles pouparam mais do que qualquer outro país rico. Embora estejamos vivendo um momento de oportunidades semelhante ao que viveram esses países durante seus ápices de desenvolvimento econômico, temos diferenças culturais. Em relação ao Japão, enxergamos uma menor necessidade de poupar pelo simples fato de não sermos tão suscetíveis a desastres naturais. Já comparados aos Estados Unidos da América, temos como diferencial a religião. Se lá a maioria é protestante, aqui somos católicos, o que implica a ausência da valorização do lucro que existe entre os protestantes, como explica Max Weber na obra A *ética protestante e o espírito do capitalismo*.

Ainda assim, o cenário negativo – e bem plausível –, no entanto, trabalha com a possibilidade de não conseguirmos melhorar de forma substancial a qualidade do ensino, o que influenciaria diretamente na educação para a sustentabilidade. Cogita-se, também, a possibilidade de o mundo não fazer pressão ao nosso governo, já que não se pode criticar o outro antes de consertar sua própria casa. E o povo brasileiro, cansado de tanta escassez, entrega-se realmente ao consumo desenfreado.

5

AS NOVAS E PRÓSPERAS ECONOMIAS BRASILEIRAS

O que está acontecendo com o Brasil, apesar de ser espetacular, não pode fazer com que nos acomodemos. Ele só está ocupando um lugar que já deveria ser dele, pelo tamanho, pela produção agrícola. Estamos construindo um clima externo favorável e uma sensação de estabilidade, por causa dos 15, 16 anos de políticas parecidas. Mas se a gente se acomodar, vai dar errado. Precisamos tomar cuidado para não cair na soberba.

Denis Mizne

Não vejo a possibilidade de a economia do Brasil estagnar. Continuaremos a crescer, independentemente até de políticas governamentais. Evidentemente, se forem boas, cresceremos mais. Mas a economia privada está tão fortalecida, tão bem articulada e posicionada, que o crescimento econômico do país é inevitável. Caminhamos consistentemente para nos mantermos como uma das economias mais importantes do mundo.

João Dória Júnior

Quando a crise estourou em 2008 nos Estados Unidos da América, e suas consequências passaram a ser sentidas por diversos países, questionou-se aqui o quanto nossa economia seria afetada. Se compararmos aos efeitos da crise na maior parte do mundo, especialmente nos próprios Estados Unidos da América e nos países europeus, saímos quase ilesos. Além dos sistemas rígidos de controle do mercado financeiro, a principal razão para isso é o que os jornais já vinham anunciando: nossa economia está mais forte. O modelo econômico adotado desde o final dos anos 1990, com metas de inflação, câmbio flutuante e responsabilidade fiscal, e, principalmente, o surgimento de um grande e poderoso mercado interno possibilitaram isso. Para a próxima década ainda temos o bônus demográfico, o bônus do esporte, o bônus do petróleo e do gás e a descentralização do crescimento econômico mundial. Com as boas notícias, vêm as mudanças – e elas são muitas.

O BÔNUS DAS *COMMODITIES* E O CENTRO-OESTE

> *Boa parte da abundância que o Brasil está vivendo decorre da redistribuição de renda, mas em uma plataforma pesada de* commodities. *Paradoxalmente, no nosso crescimento, o que mais se valoriza são nossas* commodities, *pois as pessoas passam a beber mais, comer mais, e torna-se necessário produzir.*
>
> João Cox

Grande parte da nossa força econômica vem da agricultura e da pecuária. Em 2005, o agronegócio brasileiro foi responsável por 27,9% do PIB nacional, 36,9% das exportações e 37% dos empregos gerados no país. Somos um dos maiores celeiros do mundo. Um relatório da Organização para Cooperação e Desenvolvimento Econômico (OCDE), publicado em junho de 2011, aponta que as mercadorias exportadas pelo Brasil continuarão em alta pelo menos até 2020, o que faz das exportações de *commodities* uma fonte segura de dinheiro externo. Além disso, o valor das *commodities* agrícolas subirá em média 55% na próxima década em comparação com a anterior, sendo que esses preços já dobraram desde o ano 2000. A razão para a alta dos preços é a maior demanda. Só a Ásia deve passar a consumir 20% mais alimentos até 2020, e o Brasil, que está aumentando exponencialmente sua produção, será um de seus principais fornecedores.

A forte dependência do Brasil nos agronegócios não agrada a todos. Isso porque ainda persiste a ideia enraizada de que os produtos agrícolas não agregam valor. Mas a descentralização do poder econômico mudou a realidade pós-industrialização. Com a entrada maciça da China no mercado de alto valor agregado, os preços despencaram. Em contrapartida, com o enriquecimento mundial, surgiu a tendência de alta dos alimentos: até 2050, teremos mais de 2 bilhões de pessoas no mundo.

A notícia dessa valorização das *commodities* não é boa apenas para a balança comercial brasileira, mas também para a descentralização interna do crescimento econômico. O Centro-Oeste, que começou a crescer principalmente nas décadas de 1970 e 1980, e, desde então, rapidamente tornou-se nosso "Vale do Silício Verde", está investindo e se beneficiando com o cenário. Só em 2011, segundo estudo do Ministério da Agricultura, o Valor Bruto da Produção (VBP) da região cresceu 34,5% quando comparado ao ano anterior, para R$ 48,7 milhões de reais – um recorde em catorze anos. O total para o país é de R$ 184,2 bilhões, 4,6% maior que o registrado em 2010. Em 2012, não tivemos crescimento substancial, mas acredita-se que isso se deve a apenas um soluço causado pela crise externa.

O principal fator que levou a esta alta é o crescimento da produtividade. E este se deu porque, além de ser uma região produtora, ela é centro de tecnologia verde, graças à Embrapa, que desenvolveu técnicas nacionais para o aprimoramento da soja, do arroz e do milho. Com essas técnicas, a produção agrícola é, e será cada vez mais, industrializada, o que gera mais renda para a região. O Centro-Oeste é também onde se localiza a maior parte do setor de base florestal brasileiro, que participa com 4,5% do PIB e 7,4% das exportações, além de empregar 9% da população economicamente ativa.

Além do Centro-Oeste, o agronegócio também cresceu nas regiões Nordeste e Norte, com aumentos de 14,9% e 0,04%, respectivamente. Com isso, estima-se que a produção em 2011 tenha sido de 1,9 milhão de toneladas, a maior da história. Entre os produtos que se destacarão nos próximos anos, segundo a OCDE, estão a carne bovina (com crescimento de produção de 30%), o algodão (aumento de 47,8% na produção e 68% nas exportações), o café (24% e 46%, respectivamente) e a soja (36% e 39%, respectivamente). Continuaremos também sendo os primeiros na produção da carne de frango e aumentaremos a produção de carne suína. No total, somados os três tipos de carne, o país passará da produção atual de 24,6 milhões de toneladas para 31,2 milhões de toneladas na temporada 2020/2021 (crescimento de 36,5%). Alguns produtos nos quais o Brasil não é líder de exportações, como o leite e o milho, terão incremento significativo. A venda de leite para fora do país deverá crescer 50,5% (atingindo 300 milhões de litros) e a comercialização do milho crescerá 56,5% (alcançando 14,3 milhões de toneladas).

Se o cenário se confirmar, o Brasil terá 12% do mercado de milho; 33,2% do mercado de grão de soja; 49% da participação da carne de frango; 30,1% da carne bovina e 12% da suína. O crescimento das exportações será acompanhado da expansão do consumo interno, que continuará sendo o principal destino da produção: 85,4%

do milho, 83% da carne bovina, 81% da carne suína, 67% da carne de frango e 64,7% da soja.

O crescimento dos agronegócios e o consequente avanço econômico do Centro-Oeste devem gerar diversas mudanças. Entre as principais estão: o aumento de preço das terras na região e a criação de uma pressão econômica para o investimento em infraestrutura. Estradas terão de ser construídas para atender o escoamento dessa produção. É possível antever também o surgimento de um parque industrial de beneficiamento de produtos agrícolas na região, o que levará ao fortalecimento do eixo Campo Grande-Cuiabá. Por outro lado, é de se esperar também alguns problemas, principalmente no que diz respeito às fronteiras. O enriquecimento do Centro-Oeste já começou a atrair imigrantes ilegais de países vizinhos. Os brasileiros, por sua vez, e antecipando-se ao aumento de demanda, já estão comprando terras do outro lado das fronteiras. A preservação do meio ambiente também será ameaçada pela possibilidade de invasão do Pantanal mato-grossense pela agricultura e pela pecuária. Para a sociedade, o resultado esperado é o surgimento de uma nova "classe social", os novos multimilionários das *commodities* e seu intenso consumo.

A ONDA DAS *COMMODITIES*

O Brasil está surfando uma onda, apesar dos nossos méritos. Nos últimos trinta anos surgiu a tendência de "emergência dos emergentes", primeiro com a China e, na última década, com Índia, Brasil e outros da América Latina. Esse fenômeno criou uma enorme demanda por recursos naturais, as *commodities*. Desde petróleo ou cobre, que você usa para fabricar coisas, até comida: soja, milho etc. Antes disso, até 1980 ninguém investia em *commodities* por causa dos preços muito baixos. Então, a pouca oferta fez com que os preços das *commodities* subissem muito. E o Brasil estava bem nesse momento, porque a gente já tinha as *commodities* das quais a China mais precisa, que é basicamente minério de ferro. Esse *trend* é muito forte e tem durado muitos anos, e isso permitiu ao Brasil entrar numa espécie de círculo virtuoso, em que a gente tem mais capacidade de crescer, com menos inflação e com uma moeda que se valoriza.

Luiz Paulo Parreiras

Matopiba – A última fronteira

Uma área que tem uma realidade muito diferente da do Centro-Oeste, mas é repleta de oportunidades, é Matopiba, sigla que designa os estados Maranhão, Tocantins, Piauí e Bahia. Já descoberta por muitos agricultores, esta é a última fronteira agrícola/econômica do país e produz 12,2 milhões de toneladas de grãos. Embora essas terras representem um desafio para a produção, devido à parca infraestrutura para o escoamento, possuem, por outro lado, um regime de chuvas bem distribuído e a tipografia plana típica de cerrado. Além disso, justamente por ser uma região de cerrado, tem menos exigências da legislação ambiental para estabelecer o plantio. Devido a esses pontos positivos, a produção de grãos em Matopiba deve aumentar

23% até 2021, e a área de colheita será 9,5% maior do que a atual, segundo estimativas do Ministério da Agricultura, Pecuária e Abastecimento.

De olho nessas oportunidades, já há investimentos nessa área: no final de 2010, foi inaugurada a eclusa do Tucuruí, no Rio Tocantins, e outra está em construção. As obras para a construção da Ferrovia Norte-Sul já começaram, assim como da rodovia Transnordestina, que tem cerca de 1.700 quilômetros de extensão, dos quais 420 estão no Piauí: os investimentos ultrapassam R$ 1,3 bilhão. A Transnordestina vai ligar o sul do Piauí aos portos de Pecém, no Ceará, e Suape, em Pernambuco, facilitando o escoamento da produção, inclusive a dos cerrados. Com o crescimento, esses Estados, até então à parte, serão inseridos na economia brasileira.

PETRÓLEO, ESPORTES, SUL E SUDESTE

O Rio de Janeiro deve passar por uma verdadeira revolução nos próximos dez anos por causa dos investimentos em petróleo e siderurgia, o que provavelmente vai recolocá-lo num patamar de igualdade com São Paulo em termos de atratividade.

Constantino de Oliveira Júnior

Qual é a minha esperança? O pré-sal. Não sei se será no governo da Dilma que ele vai começar de fato a render recursos, mas estou convencido de que, se for o que a Petrobras está anunciando, e se o governo utilizar esses recursos para a educação, haverá uma revolução no Brasil. Não diria que um governo é suficiente, mas dois governos, sim.

Fernando Morais

O Sudeste é, desde sempre, considerado a locomotiva nacional. Só o PIB da região representa mais de 55% do total do país. No entanto, se no século 20 tudo era fabricado entre Rio de Janeiro, Minas Gerais e São Paulo, em especial o último, o crescimento das demais regiões está mudando esse cenário de concentração de riqueza. Só de 2005 a 2009, o PIB do Sudeste caiu 0,7%, enquanto cresceu a participação do Nordeste, do Centro-Oeste e do Norte. O Sul, a segunda região em participação no PIB, com 16,5%, perdeu apenas 0,1%. Essas quedas de percentual não significam um empobrecimento das duas regiões ou dos dois Estados que mais contribuem para o PIB, São Paulo (33%) e Rio de Janeiro (10,9%), mas sim o surgimento e fortalecimento de novos polos produtores e mercados consumidores. Pelo contrário, a região, se já era próspera, ainda se beneficiará com os *booms* do petróleo e dos esportes que nos aguardam em um breve futuro.

A começar pelo petróleo, a descoberta de uma reserva de 40 a 100 bilhões de barris na camada pré-sal transformará o Brasil em um dos maiores produtores de petróleo do mundo. Essa reserva é um patrimônio nacional que deve ter impacto em todo país – se bem gerido, claro. No entanto, embora se discuta a mudança na distribuição dos *royalties* do pré-sal para que beneficiem todos os Estados e municípios igualmente, são os produtores – São Paulo, Rio de Janeiro, Espírito Santo e Santa Catarina – que ficarão com a maior fatia, de qualquer maneira. Isso porque a indústria deve se instalar também nesses Estados e, com ela, virão os investimentos.

No litoral fluminense já está sendo erguido um centro de pesquisa e desenvolvimento que terá papel de destaque no mundo. Por causa dele, serão criados cerca de 5 mil empregos, sendo que 2,5 mil serão para pesquisadores, o dobro do que possui hoje o *Massachusetts Institute of Technology* (MIT). Tudo isso visa a dobrar a produção de petróleo e gás até 2020. A Petrobras diz que a exploração do petróleo do pré-sal poderá gerar 15 mil empregos diretos e outros 10 mil indiretos. Já se estima um crescimento populacional de 25% nas áreas litorâneas produtoras (Rio de Janeiro e São Paulo). Desde a descoberta dessa gigante reserva, o preço dos imóveis em Santos e outras cidades da Baixada Santista quase dobrou, segundo o Sindicato da Habitação de São Paulo. Um estudo realizado por essa organização aponta que o preço médio do metro quadrado de um imóvel residencial de um dormitório passou de 2.602 reais, em agosto de 2006, para 5.182 reais, em abril de 2011.

A mudança de maior impacto a ser gerada pelo pré-sal, além da riqueza substancial, é o avanço tecnológico necessário para sua exploração. Será preciso muito investimento em tecnologia, pesquisa e desenvolvimento, de alta qualidade e em larga escala, o que impulsionará significativamente a indústria do conhecimento e da informação. Milhares de engenheiros e técnicos terão que ser "produzidos" nos próximos anos. O Brasil será um laboratório para a exploração de petróleo em águas profundas.

A MEGA METRÓPOLE

> *Precisamos criar meios de reestruturação metropolitana de vida comunitária. Significa deixar de fazer distritos industriais e passar a distribuir oportunidades comerciais, educacionais e de lazer de maneira polinuclear. Fazer com que seja preciso viajar menos. Pensando na quantidade de automóveis que há e aumentará, acho que eles são mais símbolo do status do que qualquer outra coisa.*
>
> **Fausto Nilo**

O desenvolvimento econômico, produtivo e tecnológico do Sudeste traz consigo um fenômeno nem tão positivo: São Paulo, Rio de Janeiro e Campinas estão liderando o processo de conurbação, ou seja, quando as cidades avançam para fora dos seus perímetros absorvendo áreas rurais e outras cidades.

A Região Metropolitana de São Paulo, por exemplo, reúne 39 municípios e um total de mais de 20 milhões de habitantes, configurando-se como a terceira maior área urbana do mundo. Já o chamado Complexo Metropolitano Expandido (Campinas, Baixada Santista, São José dos Campos, Sorocaba e Jundiaí) engloba mais de 29 milhões de pessoas, 75% da população do Estado. Em pouco tempo, o Rio de Janeiro, a Baixada Santista e essa enorme região metropolitana se expandirão até se tornarem uma única mancha urbana. Hoje, 22% da população já vive entre Rio de Janeiro, Baixada Santista e São Paulo.

Se essa tendência se concretizar, duas pessoas morarem na mesma cidade não significará muita coisa. Será um agravamento do que já acontece na Grande São Paulo, por exemplo: quem mora no Capão Redondo, bairro da periferia paulistana, tem uma experiência muito diferente daqueles que vivem nos Jardins. Imagine, então, essa realidade futura: as cidades serão como Estados, com sotaques e hábitos diferentes. As consequências serão também versões pioradas do que já se conhece nas grandes metrópoles: engarrafamentos, poluição, estresse, falta de segurança e problemas de infraestrutura, como transporte público e abastecimento de água. A logística será um desafio e a administração pública também, fato que precisará ser encarado cedo ou tarde.

Para refletirmos, é preciso observar que São Paulo tem apenas setenta quilômetros de linhas de metrô, enquanto a cidade do México tem 200 quilômetros. São Paulo não conseguiu resolver o problema dos rios Pinheiro e Tietê. Porém, de acordo com a KPMG, São Paulo foi a 4ª cidade do mundo que mais recebeu investimentos, 8,4 bilhões de dólares. Das 280 maiores empresas do mundo, 52% tem escritório em São Paulo. Problema ou oportunidade?

Brasil Violento

O brasileiro é violento?

Acho que sim. Convivemos com um dos trânsitos mais violentos do mundo e as taxas de homicídio mais altas. Gradativamente devemos melhorar, mas dez anos é pouco para isso. A cultura da violência é extremamente arraigada no país. Há ainda o comportamento "o cara mexe com a namorada, dou um tiro nele". Em 20 anos, triplicaram os homicídios no país. O centro da epidemia estava no Sudeste, com algumas exceções, sendo Pernambuco a principal. São Paulo, no entanto, desenvolveu políticas e reduziu o homicídio em 80%. Isso é um espetáculo. Hoje, dos 27 estados brasileiros, é o que tem menor taxa de homicídio. O Rio de Janeiro demorou um pouco, mas também reduziu a incidência. Mas, se estamos no fim de um ciclo de epidemia de homicídios no Sudeste, no Nordeste ela está só crescendo.

Por que isso?

Está acontecendo com as cidades do Nordeste o que aconteceu com o Sudeste há quinze, vinte anos: uma explosão de crescimento. Há uma urbanização desordenada e uma população muito jovem. O dinheiro começou a chegar e, com ele, a desigualdade. Com isso, a violência se instala. Esses governos são preparados para lidar com miséria, fome, seca, mas não com problemas de áreas mais desenvolvidas, em que a segurança pública é crucial.

Denis Mizne

O BÔNUS DOS ESPORTES

Temos que aproveitar o momento para usar o lado positivo da brasilidade, o lado macunaímico, criativo, de dar o pulo na hora certa para planejar o futuro que pode nos trazer uma série de coisas, uma série de valores.

Márcio Meirelles

O esporte é outra força que vai afetar o Brasil nos próximos anos, em especial o Sudeste. Vem aí a Copa do Mundo 2014 e as Olimpíadas, em 2016. Além da probabilidade de esses dois eventos serem responsáveis por uma importante parcela do crescimento econômico nos próximos anos, acarretarão também, no mínimo, uma reflexão sobre a infraestrutura no Brasil.

As estimativas em torno do impacto da Copa do Mundo no Brasil na economia – sendo que, das doze cidades-sede, cinco estão no Sudeste – chegam a 183,2 bilhões de reais, dos quais 47,5 bilhões (26%) são diretos e 135,7 bilhões (74%), indiretos. Dessa quantia, 33 bilhões de reais serão destinados à infraestrutura e gerarão aproximadamente 330 mil empregos permanentes e outros 380 mil temporários – o que vai colaborar para o aumento de consumo dessas famílias em cerca de 5 bilhões de reais.

Já as Olimpíadas, que acontecerão em 2016 no Rio de Janeiro, vão gerar um investimento de 14,4 bilhões de dólares e devem movimentar mais 51,1 bilhões de dólares em todo o país. No período de 2009 a 2016, o impacto no Valor Bruto de Produção (VBP) do país será de 49,2 bilhões de reais, que se prolongará de 2017 a 2027 com outros 53 bilhões de reais.

Os efeitos positivos desses dois eventos, que chamamos de bônus esportivo, vão além da movimentação na economia. Outras consequências importantes são a visibilidade internacional, o desenvolvimento do turismo interno e externo, a possível criação de novos vetores de crescimento nas cidades-sede e o fortalecimento do orgulho de ser brasileiro. As escolas de idiomas se proliferaram, engenheiros já estão em falta. Essa janela esportiva vai abrir milhares de oportunidades de forma descentralizada. Se a Copa do Mundo será um transtorno para a cidade de São Paulo e para seus moradores, para cidades como Salvador, Recife, Fortaleza e Manaus será um altíssimo vetor de crescimento e, provavelmente, de alcance de um novo patamar econômico e social.

O IMPACTO DO *BOOM* DO PETRÓLEO E DOS ESPORTES, SEGUNDO A CLASSE C

Em pesquisa realizada para a confecção deste relatório, surpreendeu a plena consciência da população de classe C sobre o efeito na economia que os bônus do Petróleo e do Esporte devem gerar. Entre os jovens, destacam-se as seguintes afirmações:

- "O pré-sal vai enriquecer mais a gente."
- "Surgirão muitas oportunidades de trabalho por causa dos grandes eventos esportivos (Copa e Olimpíadas) e do pré-sal.".
- "O pré-sal é uma grande promessa para o Brasil."
- "O Brasil está na moda."
- "Com eventos como a Copa e as Olimpíadas, vai melhorar muito a infraestrutura."
- "As Olimpíadas vão gerar turismo e emprego."
- "Brasil vai estar na boca do povo de fora – todo mundo vai querer vir conhecer o Brasil por causa da Copa e das Olimpíadas."

O BÔNUS DEMOGRÁFICO

Quando a população passa a crescer a taxas menores do que o produto, você tem um produto maior para dividir entre a população. Esta janela, conhecida como bônus demográfico, traz consigo uma possibilidade que está na mão das políticas públicas, que é o processo de aceleração do processo educacional para reduzir a desigualdade social e aumentar a igualdade das oportunidades.

Luiz Carlos Trabuco

Desde a década de 1970, a taxa de natalidade está caindo de maneira abrupta no Brasil. Em velocidade menor, o índice de mortalidade também. Como resultado, a porcentagem de idosos e crianças no total da população é cada vez menor – ou seja, o número de dependentes por pessoa ativa caiu de 1 para 0,5. Esse fenômeno, conhecido como bônus demográfico, atingirá o seu pico no país em meados da década de 2020. É um momento que acontece apenas uma vez na história de um país, e é o mais propício ao crescimento econômico.

Maior parcela de pessoas economicamente ativas significa mais força de trabalho, mais capacidade de consumo e poupança. De acordo com os estudiosos, só esse fato garante uma média de crescimento do PIB 1% maior ao ano. Isso acontece porque há – e haverá – mais pessoas produzindo (em 2012, há 130 milhões de brasileiros em idade ativa, número que chegará a 144 milhões em 2020, quando o total da população será de 207 milhões de pessoas) e, ao mesmo tempo, menos gente para ser sustentada. Segundo um estudo realizado pela Fecomércio de São Paulo, a produtividade do país crescerá entre 2,5% e 3% até 2020.

O bônus demográfico por si só não resolve todos os problemas. Para aproveitar esse empurrãozinho, será necessário conseguir absorver todo esse bônus de mão de obra (falaremos mais sobre esse apagão no Capítulo 5) e investir na capacidade de essas pessoas contribuírem para o aumento da produtividade, com a oferta de educação e formação profissional.

NORTE, NORDESTE E A MARAVILHA DE UM MAIOR MERCADO INTERNO

> *Ter um smartphone e uma TV de 32 polegadas cristalina, isso é a classe média.*
> **Lula Queiroga**

> *As pessoas vão continuar mudando de classe social e, na medida em que isso for acontecendo, a infraestrutura de serviços e produtos vai sendo pressionada.*
> **Hermann Ponte e Silva**

> *Começou a sobrar dinheiro na mão da população.*
> **Michael Klein**

O mercado interno brasileiro sempre foi muito pequeno. Até o lançamento do Plano Real, em 1994, a classe média tradicional era uma minoria, tinha menos de 15%

de participação na economia. Com a conquista da estabilidade econômica e o fim da inflação, começou a primeira onda de crescimento dessa classe média, que sofreu uma interrupção em 1998 em razão da Crise Asiática, mas foi retomada em 2003 com o avanço da economia mundial. Com essa boa maré veio a geração de empregos formais, o aumento real do salário dos trabalhadores e o surgimento de novas políticas sociais. Por esse motivo, o consumo das famílias cresceu como nunca, consolidando nosso mercado interno e fazendo surgir a nossa abundante e rica nova classe média, composta de mais da metade da população, ou seja, mais de 100 milhões de brasileiros.

MERCADOS MAIS FORTES, CRESCIMENTO DESCENTRALIZADO

Segundo dados do IBGE, embora discrepâncias ainda persistam, o Brasil está ficando menos desigual. Enquanto a renda média domiciliar *per capita* nas cidades paulistas subiu 3% na última década, nas cidades maranhenses esse número aumentou 46%. Considerando municípios com mais de 100 mil habitantes, metade dos 50 que mais avançaram são nordestinos.

Dentro desse cenário, o Nordeste e o Norte tornaram-se importantes mercados-alvo. Se na década de 1960 o Nordeste crescia 50% a menos do que a média do Brasil, isso se dava porque a região, que foi a mais rica nos primeiros séculos de nossa história, estava entregue ao atraso e ao descaso. Nos últimos anos, a renda ali subiu 41,8% contra 15,8% do Sudeste, de acordo com o livro *A nova classe média*, do Professor Marcelo Neri. Entre julho de 2009 e julho de 2010, das 333 mil vagas de emprego formal geradas no país, 114 mil localizavam-se no Nordeste. Depois do Centro-Oeste, é a segunda região que mais cresceu em participação no PIB, subindo 0,4% de 2005 a 2009. Por conta do seu crescimento exponencial, hoje o Nordeste pode ser considerado a China Brasileira. São vários os fatores que explicam o fenômeno, como as obras do Programa de Aceleração do Crescimento (PAC), programas sociais, como o BolsaFamília, o crescente turismo e a instalação de muitas fábricas. Se a região fosse um país, teria o 39º PIB do mundo e estaria à frente de muitos países ricos.

Diversas empresas já estão agindo de maneira estratégica para conquistar esses novos e promissores consumidores. A Disney, por exemplo, vem tentando, desde 2010, se aproximar da região. A primeira iniciativa foi incentivar artistas locais a fazerem releituras do Mickey Mouse para serem usadas em produtos licenciados que serão vendidos na região. Os Estados nordestinos representavam naquele ano 15% do faturamento da empresa no Brasil, mas o desejo é ainda dobrar essa participação. O crescimento da região, segundo comunicado da empresa, foi o que fez a Disney, em iniciativa inédita, voltar os olhos para lá. Já a Kraft, para adequar-se a esse mercado, adaptou os seus preços e expandiu a linha de sucos em pó Tang para oferecer sabores mais familiares aos nordestinos. A aposta da empresa no Nordeste é tanta que investiu 80 milhões de dólares em uma fábrica em Pernambuco. A Ambev, por sua vez, criou uma marca de cerveja exclusivamente para o Norte e o Nordeste. Já a linha Stella McCartney para C&A, que esgotou em poucos dias, levou em consideração no planejamento as preferências culturais: não foram enviadas peças de cor laranja para o Rio porque pesquisas mostram que a cor remete ao uniforme do gari e peças marrons não chegaram ao Nordeste porque lá a cor faz lembrar poeira.

O Norte também entrou no alvo das empresas. A Kaiser, por exemplo, adota as cores azul e vermelho em suas ações na festa de Parintins, assim como a Coca-Cola, a Rede Bandeirantes e o tênis Adidas. Vale lembrar que a região, de menor participação no PIB, apesar de seu tamanho e potencial, teve sua colonização primeiramente baseada em proteção da fronteira e, depois, devido ao Ciclo da Borracha, no fim do século 19 e começo do século 20. Houve ainda uma tentativa de consolidação desse Norte brasileiro com a criação da Zona Franca de Manaus, pelo Governo Federal, uma solução que, como sabemos, está longe de ser suficiente para estimular o seu potencial.

Brasil descentralizado

Em termos de integração territorial, acho que a construção de Brasília foi importante, no sentido de aproximar o Sul, Sudeste e Centro-Oeste do Norte e Nordeste. Foi um grande marco de desenvolvimento descentralizado.

Mas, depois disso, conseguimos ampliar essa descentralização por causa das deficiências de infraestrutura de São Paulo, uma cidade que está próxima do limite. Já o Rio deve passar por uma revolução nos próximos dez anos, por causa dos investimentos na área de petróleo e siderurgia, o que provavelmente vai recolocar o Estado todo quase em um patamar de igualdade com São Paulo, em termos de atratividade de investimento, comércio etc.

E o Norte e o Nordeste?

O Norte e o Nordeste devem crescer, é inegável. Mas os empresários de lá ainda vêm buscar o crescimento do negócio em São Paulo e no Rio de Janeiro. Vai ser sempre o polo gerador: ou eles vêm investir aqui ou vêm buscar aqui o investimento.

Constantino de Oliveira Júnior

AS NOVAS OPORTUNIDADES

Tendo dito isso, coloco algumas questões na mesa: não teremos mais apenas o eixo Rio-São Paulo, mas diversos outros, como os eixos Salvador-Recife-Fortaleza e Campo Grande-Cuiabá. As oportunidades estarão em todo lugar. O grande foco do turismo não será apenas o Rio de Janeiro, e São Paulo perderá um pouco a sua importância.

As empresas precisarão aprender que vender para um país onde a economia cresce de maneira descentralizada impõe novos desafios, e, por isso mesmo, novas soluções. Eliminar os antigos paradigmas que atendiam prioritariamente o eixo Rio-São Paulo é um cenário futuro que muito provavelmente a sua empresa terá de encarar.

O marketing é essencialmente cultural. O que você consome depende da sua história, das suas experiências coletivas, do seu entorno. Afinal, como dizia Ortega y Gasset, "o homem é o homem e as suas consequências". Em um país enorme como o nosso, é preciso olhar para cada região com olhos de entender suas muitas particularidades. Mais do que nunca, tornou-se necessário traçar estratégias continentais, mas fazer ações regionais.

A GLOBALIZAÇÃO BRASILEIRA

Os investidores hoje estão adorando fazer negócio com o Brasil. Ainda tem uma coisa meio exótica, mas é um sistema razoavelmente sólido, com gente muito simpática e um puta de um mercado.

Paulo Lima

Da última década do século 20 em diante, os capitais que não estavam encontrando na Europa e nos Estados Unidos portos razoavelmente seguros para investimento passaram necessariamente a olhar para os países emergentes. A tentativa é, e será, criar uma nova massa de consumidores, como os 30 e poucos milhões de brasileiros que saíram da miséria.

Hélio Mattar

> *O investimento direto externo no país cresceu. Surfamos, de certa forma, no crescimento da China. Há também a importação de* commodities, *em especial soja e minério. A indústria cresceu. A Vale, uma empresa privatizada, tornou-se a potência que é; a Petrobras também virou uma potência, assim como a Embraer, a Gerdau e a Ambev. É um fenômeno relativamente recente. Foi nos últimos vinte anos que as coisas começaram a mudar de patamar no país.*
>
> **Hermann Ponte e Silva**

> *O Brasil está melhorando a sua governança. As empresas estão indo para a Bolsa e, para isso, precisam prestar atenção em várias questões que antes não pensavam. Isso vai melhorar o Brasil.*
>
> **João Castro Neves**

Não temos castas como a Índia, somos uma democracia diferente da China, temos maior estabilidade das instituições do que na Rússia. Porém, o melhor do Brasil é que a gente tem pouco preconceito contra pessoas de outros países. Somos mais receptivos do que a grande maioria dos países do mundo e, na minha opinião, por isso mesmo estamos mais aptos a nos adaptarmos a influências externas. Aqui são aceitos todos os grupos étnicos, religiões e nacionalidades. Por outro lado, tornou-se uma cultura amplamente admirada e aceita no exterior. Esses dois fatores fazem o Brasil estar preparado para a globalização, à sua maneira.

Os estudiosos dizem que o Brasil deu um grande salto no capital humano quando os migrantes europeus começaram a desembarcar por aqui no final do século 19 e começo do 20. Trouxeram informação, novos processos, dinamizaram a nossa economia. Acredito que esse ganho esteja voltando a acontecer.

Grandes multinacionais, que nunca cogitaram entrar no Brasil, estão vindo da Europa e Estados Unidos com força total. Mas também veêm empresas colombianas, argentinas, mexicanas, chinesas e coreanas, com novos modelos de negócios, mais ágeis, flexíveis e rápidos. As multinacionais que aqui já vêm aumentando seu portfólio de produtos e serviços e se adequando cada vez mais à cultura brasileira. De acordo com a revista *Exame*, 44% dos escritórios-sede para a América Latina ficam em São Paulo. Em 2011, São Paulo saiu do 20º para o 9º principal destino de funcionários expatriados. O nosso mercado nunca viu tanta competição. Essa nova realidade, que se soma a um mercado mais exigente e com uma maior oferta de produtos e serviços, está forçando as empresas brasileiras a pensarem em diferenciais de produto e de marca como nunca. Se hoje centenas de empresas não investem em entender os seus consumidores e todas as suas particularidades, a necessidade de correr desta complexidade aumenta na velocidade da queda.

Como resultado, o Brasil vive hoje um momento de maior profissionalização e melhor governança nas empresas. Já está diminuindo o espaço para práticas ilegais ou "jeitinho brasileiro", e empresas foram forçadas a repensar seus processos. O mercado de trabalho há de se sofisticar em meio a esse processo. A presença de executivos estrangeiros vai se espalhar pelas empresas brasileiras, trazendo experiências e aprendizados valiosos. Inovações que deram certo na Índia, no México ou na Rússia serão implementadas aqui. Já nas classes mais baixas, o cenário que se constrói é a entrada de estrangeiros dos países vizinhos em busca de melhores condições no país mais bem-sucedido da América Latina, que se ocuparão das funções não qualificadas.

O que há de novo em termos de globalização, no entanto, não é apenas a entrada de mais multinacionais no país, mas sim a saída de empresas nossas para mercados externos. O cenário que se enxerga no médio prazo é de maiores chances de uma empresa brasileira se tornar multinacional. Algumas companhias já começaram a compreender esse cenário e a ter sucesso nessa expansão. Espaço para isso há, e muito – até mesmo nos demais países da América Latina a nossa presença é ainda muito baixa. E potencial também: o *Made in Brazil*, produtos que carregaram o espírito brasileiro em seu *branding*, terá cada vez mais valor, dentro e fora de nossas fronteiras. Isso é fruto da descentralização econômica mundial.

No entanto, para ganharmos mercados externos, ainda temos muito a resolver internamente. No próximo capítulo falaremos sobre infraestrutura, governo e todos os outros enormes custos do nosso passado.

6

ESTADO, INFRAESTRUTURA E OS CUSTOS DO NOSSO PASSADO

Do ponto de vista econômico, a redistribuição de renda transformou uma parcela importante de pessoas em consumidores. A infraestrutura, no entanto, não está preparada para comportar esse crescimento, assim como a quantidade de pessoas capacitadas no mercado de trabalho também é inferior à demanda. Esses dois fatos podem segurar o crescimento ou podem ser alavancas para crescer ainda mais, porque, ao modificar a estrutura de um país e melhorar a educação, aumenta-se o potencial de crescimento. Essas foram as duas alavancas que os países asiáticos usaram, em particular a Coreia do Sul.

João Cox

É necessário tornar nossa infraestrutura mais barata.
Hermann Ponte e Silva

O leitor que chegou até esse capítulo sabe que sou otimista ou que, ao menos, vejo o futuro de nosso país com bons olhos. São tantas as transformações e as oportunidades no horizonte que o saldo há de ser muito positivo, para quem souber compreendê-las e aproveitá-las. No entanto, como vem acontecendo em toda a nossa história, esbarramos mais uma vez nos grandes gargalos causados por descaso e miopia das autoridades. E, nessas áreas, sinto informar, as notícias não são boas.

A nossa infraestrutura é falha, e a tendência é de que pouco seja feito na próxima década para mudar esse cenário. Mesmo que existisse a vontade, seriam necessários mais de dez anos para reverter a situação precária em que nos encontramos. Um exemplo emblemático dessa realidade são as rodovias brasileiras. Determinado pelo governo federal na década de 1950 como o modo predominante, o transporte rodoviário representa atualmente 58% do total, em detrimento da malha ferroviária, muito mais barata. No entanto, apesar de todo o investimento, das estradas existentes apenas 14,7% são avaliadas como ótimas; 26,4% são consideradas boas, e 33,4%, regulares. No entanto, na maioria dos Estados a situação é muito pior do que isso: das que apresentam bom ou ótimo estado, 61,7% se encontram no Estado de São Paulo. No outro extremo está Roraima, onde 48,8% das estradas são péssimas. Por conta destes números, o transporte rodoviário de carga custa mais caro, aproximadamente 33% no Nordeste e 40% no Norte. Além dos custos altos, outro fator que preocupa é o desperdício que esse tipo de transporte representa: estima-se que 10% da safra agrícola seja perdida nas estradas.

Há muito tempo o governo percebeu as desvantagens do modal rodoviário. Prometeu diminuir a participação deste no total dos transportes, de 58% para 33% (o que é uma boa notícia para as empresas de infraestrutura, para o setor agrícola e demais áreas que se beneficiariam da redução de custo da logística no país). Esse é um ótimo exemplo da importância de enxergar oportunidades entre os revezes apresentados pelo cenário futuro. O problema não se reflete apenas nas estradas, mas também dentro das cidades, onde os automóveis são privilegiados em detrimento do transporte público. O resultado da falta de investimento e planejamento nessa área é evidente e já beira o caráter emergencial nas grandes cidades. No entanto, aqui as respostas são menos claras. Precisaremos passar a olhar para modelos de urbanismo que de fato se adequem a essa realidade, e não apenas sonhar com o metrô, que é caro e não dará conta de atender a demanda. Atualmente já se olha para Medelín, na Colômbia, para buscar inspiração, porque essa cidade descobriu modelos de transporte público que poderiam funcionar aqui.

O bonde, por exemplo, que leva as pessoas aos morros cariocas, foi uma ideia tirada dessa cidade, assim como os corredores de ônibus, adotados previamente em Curitiba.

A queda nos preços do transporte aéreo possibilitou, em parte, o preenchimento da lacuna deixada pelo transporte rodoviário. No entanto, por causa da falta de planejamento, não foram – nem estão sendo – feitos investimentos com o objetivo de aumentar a infraestrutura existente para se adaptar ao crescente aumento de demanda. Em 2003, o número de passageiros que utilizaram um ou mais dos 67 aeroportos brasileiros foi de 71 milhões. Em 2010, esse número saltou para 154 milhões, um aumento de 117% em oito anos. No entanto, hoje, 13 dos 20 vinte maiores aeroportos já não conseguem atender a demanda. Que dirá da necessidade gerada naturalmente pelo crescimento econômico, ou pelas oportunidades esporádicas, como a Copa do Mundo e as Olimpíadas.

Para evitar a degradação da infraestrutura no Brasil, acredita-se que deveríamos gastar 3% do PIB. Mas, de 2001 a 2010 gastamos apenas 2,3%. Apenas 19% das obras do PAC foram concluídas até 2010. Precisaríamos investir 4% do PIB ao ano, durante 20 anos, para ter a mesma qualidade de infraestrtutura que o Chile, de acordo com o Banco Morgan Stanley.

Outro enorme problema estrutural com o qual teremos de lidar é a falta de água. Embora sejamos um dos países com maior reserva de água do mundo, esse recurso é mal-utilizado e mal-distribuído. Quando percebemos, o crescimento econômico já tinha aumentado as cidades e feito surgir novos polos populacionais. Como resultado, para enfrentar a ameaça de um desabastecimento de água, tornou-se necessário investir 22,2 bilhões de reais para sanar o problema, já que 55% dos municípios brasileiros estão em situação de risco. O Rio de Janeiro, por exemplo, é um dos grandes centros que podem ser afetados, assim como São Paulo, Curitiba, Goiânia e Distrito Federal, e, se nada for feito, vai faltar água durante a Copa do Mundo de 2014.

A situação dos transportes e da água é similar ao que acontece com a energia, o saneamento básico e as comunicações. Mas apontar cada um dos aspectos nos quais falhamos não é a o propósito deste livro. O importante é entender de onde surgiram essas falhas e o que pode ser mudado. Porque, como afirma o BNDES em seu site, "a solução dos problemas de infraestrutura é condição necessária para a melhoria do bem-estar da população. (...) Ao mesmo tempo, a ampliação da infraestrutura promove a redução de custos, aumento da produtividade, aprimoramento da qualidade dos bens e serviços da estrutura produtiva e consolidação da integração regional".

O problema da aviação no Brasil

A Copa do Mundo vai nos impor desafios enormes, sim, diferentes dos que já enfrentamos no dia a dia. Mas o número de pessoas que se locomoverão de aeronaves não é tão significativo como se imagina. É diferente da África do Sul, onde a aviação doméstica praticamente não existia. O que vai acontecer? Os *charters* vão precisar se locomover ao mesmo tempo, vai ter sobrecarga... Mas temos muitos aeroportos que podem receber esses aviões para estacionamento. O problema não será a Copa ou as Olimpíadas. A questão é que já estamos no limite. Em São Paulo, já não se faz mais a conta de quanto se perde por causa da deficiência de infraestrutura. Todo mundo quer ir para São Paulo, principalmente os voos internacionais, e há mais de ano não se abrem voos novos para lá. Não sou otimista neste sentido. Não existe um projeto efetivo, nem o compromisso de alguém do governo que tenha peito para assumir o ônus e o bônus de uma decisão assim.

Constantino de Oliveira Júnior

Infelizmente, o transporte aéreo no Brasil está demonizado, e com razão. Eu diria que parte é responsabilidade do governo, pela falta de infraestrutura e de uma política eficaz de transporte aéreo. A outra parte é da administração das empresas aéreas. O ponto mais baixo da curva foi entre 2007 e 2008, quando tivemos os acidentes e os apagões. A partir daí, tanto o governo quanto as empresas aéreas começaram a se movimentar em busca dessa melhoria. Infelizmente, essa indústria não tem a capacidade de uma resposta imediata.

Miguel Dau

Um fator importante responsável pela escassez de infraestrutura no Brasil é a nossa histórica falta de planejamento. Sem precisar voltar muito no tempo, apenas nas últimas décadas do século passado tivemos ditadura, redemocratização, hiperinflação, instituições enfraquecidas, insegurança e instabilidade. Portanto, era quase impossível pensar em planejamento, em medidas de longo prazo, em estabelecer prazos e metas para o país como um todo e para cada um dos brasileiros. Não fomos educados para planejar. Porém, quando nos encontramos finalmente em uma realidade de crescimento econômico e desenvolvimento cultural, é quando mais colhemos esses frutos amargos de nosso passado.

Não estamos mais na mesma situação política e econômica do final do século passado. No entanto, ainda assistimos a falta de planejamento (e execução) das obras do PAC, dos estádios para a Copa, da estrutura para o escoamento das *commodities* e uma falta crônica de transporte público nas grandes cidades. A pergunta que fica é: isso é uma característica brasileira ou apenas um reflexo histórico dos últimos trinta anos? Isso vai afetar em especial o período 2012-2021? Infelizmente, ainda seremos muito afetados por isso, e dez anos é pouco tempo para desenvolvermos a tão importante cultura do planejamento.

O TAL APAGÃO DA MÃO DE OBRA

> *O apagão da mão de obra é resultado da falta planejamento, pois todos os projetos do governo são só projetos pontuais, sem planificação. Não há planos em longo prazo.*
> **Luiz Francisco Salgado**

> *Número um de reclamações (das empresas) é a falta de mão de obra. Não tem mão de obra nos dois extremos. Peão e Presidente.*
> **Luiz Paulo Parreiras**

> *A educação no Brasil pode ser avaliada da óptica econométrica, de formação de mão de obra qualificada. Ou seja, olha-se para a educação como uma fábrica de mão de obra mais qualificada. Isso é importante, mas eu preferiria olhar também da óptica do humanismo: sem a educação, você não tem evolução social do aspecto da cultura, da participação, da opinião, e isso está ligado fundamentalmente às pessoas terem oportunidade. Agora, é melhor do que nada. Mesmo que se acelere o processo para criar mão de obra qualificada, é melhor do que ter o que se chamou de apagão de mão de obra, que pode acontecer.*
> **Luiz Carlos Trabuco**

Ao lado do problema da infraestrutura falha, e igualmente causado pela falta de planejamento, está a questão do apagão da mão de obra. O termo, que entrou em voga há mais de uma década, tornou-se preocupação latente com a retomada do crescimento após a crise de 2008. Em março de 2012 eram mais de 840 mil citações do termo no Google. Se por um lado a notícia é boa, já que a taxa de desemprego do país é atualmente uma das menores que já se teve, por outro é um empecilho grave para a continuação do crescimento econômico.

A principal causa do tal apagão é o investimento insuficiente na educação, dos níveis mais básicos à educação continuada, uma realidade que afeta a mão de obra existente e a que está se formando agora. Se a década de 1990 nos trouxe a universalização do ensino, ainda não conseguimos atingir o quesito qualidade. As empresas se chocam com o analfabetismo funcional (72% dos brasileiros têm algum nível dele, segundo o Inaf – Indicador de Alfabetismo Funcional), pouca autonomia dos profissionais e competências básicas insuficientes.

Entre as especialidades que apresentam maior escassez de profissionais estão a engenharia e a tecnologia da informação. E o mercado está tendo de aprender alternativas criativas para driblar esse problema, já que não há no horizonte uma saída fácil. Simplesmente a conta dos profissionais necessários ao mercado não fecha, quando descontados os que se formam todos os anos, e o déficit é cada vez maior. O problema, no entanto, não está restrito a estas ou outras profissões. Faltam no mercado de trabalho copeiros, garçons, operadores de máquinas, trabalhadores rurais e uma infindável lista de profissionais que atendam a pré-requisitos mínimos. Para driblar a escassez, há quem invista em melhorar a formação de seus funcionários, e até mesmo faça planos de carreira e remuneração tentadores. No entanto, o tamanho da questão mostra que não bastam iniciativas pontuais, mas sim uma corrida do próprio governo atrás do tempo desperdiçado para uma melhora significativa na educação.

Uma das consequências dessa realidade é a entrada de mão de obra estrangeira no país. De acordo com o Ministério da Justiça, o número de trabalhadores vindos de fora cresceu 57% em 2011. Mais de 1,5 milhão de trabalhadores entraram legalmente no país naquele ano, a maioria vinda de países vizinhos, como Peru, Paraguai e Bolívia. Esses imigrantes começaram a preencher os cargos mais baixos (empregados domésticos, ambulantes e operários na construção); já os europeus conseguem em sua maioria postos gerenciais, ou tornam-se profissionais liberais. Uma pesquisa realizada pela consultoria de RH ManpowerGroup revela que 14% dos empregadores já estão buscando mão de obra no exterior. A grande procura, segundo o estudo, é por técnicos, professores, engenheiros e funcionários *senior*.

> **PERSPECTIVAS NO MERCADO DE TRABALHO, SEGUNDO OS JOVENS**
>
> Em nossa pesquisa com jovens de quinze a dezessete anos de oito Estados brasileiros, a consciência da importância de se preparar para o mercado de trabalho ficou evidente, tanto nas classes A e B como na C.

> **Meninas de classe C**
> "Tem muita vaga e pouca gente capacitada para ocupar esses cargos."
>
> **Meninos de classe C**
> "Vão ter oportunidades, mas tem que estar preparado."
>
> **Meninos das classes A e B**
> "Vão existir muitas oportunidade de trabalho com o crescimento da economia, ainda mais pra gente que tem uma boa base."

O TAMANHO DO ESTADO E A EFICIÊNCIA DA BUROCRACIA

> *O Brasil tem IPI. Ou seja, para produzir, a indústria paga. O sistema tributário do Brasil é o mais complexo do planeta. Além disso, temos também o maior número proporcional de ações trabalhistas. O pior é que continuaremos a ter a mesma burocracia. Estamos só informatizando o caos.*
>
> **Silvio Meira**

> *Tentar abrir uma empresa para lidar com processos de importação é quase como fazer uma tese de doutorado, porque você precisa entender todos os muitos passos necessários para importar, vender a mercadoria no Brasil e ter, de forma correta e legal, a menor carga tributária possível. Do ponto de vista organizacional e do Estado, o Brasil inibe o crescimento. Na condição favorável que está vivendo agora, de receptor de capital, tudo bem, as coisas acabam acontecendo por gravidade. No entanto, este fluxo há de mudar em algum instante. Eu fico me perguntando se vamos conseguir dar perenidade a esta situação.*
>
> **João Cox**

Uma das importantes causas dos problemas citados acima, e de muitos outros, é o inchaço do Estado brasileiro. Em 2010 já foi atingida a marca de um milhão de servidores federais. E, diferentemente da realidade de mudança demográfica que já se enxerga em médio prazo, de envelhecimento do país – e, portanto, mais gastos com previdência e menor arrecadação –, o ritmo de contratação e aumento de salários dos funcionários públicos supera muito o do crescimento populacional desde a redemocratização de país. Só durante os oito anos do governo de Luiz Inácio Lula da Silva, o número de servidores contratados cresceu 17%, e o aumento nos gastos públicos com folha de pagamento, 54%.

No mesmo ano, sustentar essa enorme máquina estatal custou aos brasileiros que pagam impostos 100 bilhões de reais, mais de um terço do PIB. Aqui, as pessoas gastam em média 147 dias de seu salário para dar conta dos tributos federais, estaduais e municipais, segundo os cálculos do Instituto Brasileiro de Planejamento Tributário (IBTP), ou dezessete anos de trabalho em toda a sua vida. O Brasil é terceiro país do mundo em que os trabalhadores comprometem mais sua renda com impostos e taxas. A carga tributária no setor de telefonia chega a 42% dos preços (Associação Brasileira de Telecomunicações), porcentagem que sobe para 55% na gasolina. Até dos medicamentos os impostos levam uma grande fatia, 35,7% em média.

De acordo com a assessoria técnica da Fecomercio, os gastos mensais das famílias brasileiras com IPTU, IPVA, ISS e IR cresceram 8% entre janeiro de 2002 e dezembro de 2008, superando o gasto com produtos essenciais, como vestuário, que foi de 7,5 bilhões de reais. O Brasil tem uma carga tributária de primeiro mundo – superior à da Alemanha (34,60%), Estados Unidos (25,40%) e Japão (25,30%) –, mas oferece serviços de uma nação pobre.

Esse excesso de impostos impacta nos rankings internacionais de produtividade. Mesmo com o incrível crescimento econômico dos últimos anos, ainda existem 11 milhões de empresas na informalidade. Entre 183 países de todo o mundo, em um ranking da burocracia o Brasil está na vergonhosa 129ª posição, perdendo para Nicarágua (117ª colocada) e Suazilândia (115ª). Isso atrapalha, e muito, o mundo dos negócios. Se o Brasil reduzisse em 0,3% seu índice de burocracia, chegando a um nível igual à média dos países selecionados, de 0,27, o produto *per capita* do país passaria a 9,147 mil dólares, ou seja, um aumento de quase 17% na média do período de 1990 a 2008 (equivalente a 1,45% ao ano). Isso corresponde a um custo médio anual da burocracia estimado em 46,3 bilhões de reais, equivalente a 1,47% do PIB (valores de 2009).

No entanto, uma questão se faz importante: o problema seria o tamanho do Estado ou sua ineficiência? O estudo *Emprego Público no Brasil*, do IPEA, aponta uma comparação internacional do número de servidores públicos em relação à população e os seus resultados contradizem a queixa comum de que o Estado brasileiro seria inchado demais. No Brasil, a proporção não chega a 11%, menos do que na Dinamarca (39,3%), Suécia (33%), Estados Unidos (14,9%), França (14,4%), Panamá (17,8%), Uruguai (16,3%) e Argentina (16,2%). No entanto, de cada 100 reais gastos pelo governo, apenas oito viram investimento em saúde, educação, segurança etc. O resto paga o custo da falta de eficiência. Um estudo realizado pelo professor de economia e finanças públicas Ricardo Bergamini aponta que, de 2003 até 2010, o gabinete da Presidência da Republica gastou 23,4 bilhões de reais, número muito além dos gastos de oito ministérios juntos: Orçamento e Gestão, Relações Exteriores, Indústria e Comércio, Meio Ambiente, Comunicações, Esportes, Cultura e Turismo.

A ineficiência, problema para o qual não se vê solução na próxima década, está na lista das urgências a serem encaradas o quanto antes. Some-se a isso a questão da educação e a falta de infraestrutura e você já sabe onde estão os principais riscos do país para a próxima década.

7

COMO USAR ESTE LIVRO

Um dos objetivos deste livro é que as informações e análises contidas aqui possam ser usadas para o planejamento estratégico da sua empresa – e também de sua carreira. Afinal, agora temos estabilidade socioeconômica suficiente para planejar. Mas você sabe que isso não quer dizer que seja fácil planejar: o cenário, atual e da próxima década, é de um Brasil novo. Ou seja, teremos de lidar com novas regras. Além disso, não desenvolvemos ainda a cultura do planejamento. Nossos executivos ficaram famosos em todo o mundo por lidarem com o imponderável. É claro, foram treinados a trabalhar em um país sem chão, sem solidez. Hiperinflação, planos econômicos infelizes, falta de previsibilidade, burocracia em excesso, leis que "não pegam", falta de contratualidade.

Porém, estamos em transformação, e somos mais estáveis do que há vinte anos. Teremos que lidar com esse bicho estranho que é a "previsibilidade". Foram essas as razões que me levaram a escrever um relatório e um livro sobre as forças que incidirão sobre nós nos próximos dez anos. Ele serve para que você coloque a sua empresa e a sua carreira no centro desse cenário e imagine quais são as forças que o impactarão.

Não estamos falando só de problemas. Gostaria que olhasse para esta obra como um livro de oportunidades. E as oportunidades que surgirão nessa nova realidade não são só para as empresas, mas também para os profissionais e empreendedores.

Para que faça uma análise aprofundada dos cenários que encontrará pela frente, é importante que enxergue os três tipos de *drivers* que influenciarão o Brasil dos próximos anos: *drivers* de crescimento, de restrição e de caráter. Explico a seguir.

Os *drivers* de crescimento são os fatores que serão positivos para o Brasil. Como exemplo, temos o bônus do esporte (Copa do Mundo e Olimpíadas), o bônus do petróleo e gás (pré-sal), o bônus das *commodities* (soja, milho etc.), a descentralização do crescimento econômico mundial e o crescimento do mercado interno brasileiro (a nova classe média). Os de restrição são tudo aquilo que vai impactar o Brasil negativamente. Ou seja, os apagões da mão de obra e da infraestrutura, a situação ainda precária da educação, a resistência ao planejamento, a corrupção, o inchaço do governo e a crise mundial. Já os *drivers* de caráter são aqueles fatos e tendências que transformarão o Brasil nos próximos dez anos – quer queiramos, quer não –, como a segunda geração da classe C, ou a nova classe média, a descentralização do crescimento econômico, o aumento do poder de consumo dos negros e das mulheres e suas consequências, a tecnologia, o fim da miséria, o mercado homossexual, o poder jovem, o Brasil evangélico, a qualidade da migração interna e os novos ricos.

Para chegar ao cenário futuro que interessa à sua empresa, e à sua carreira, coloque no papel os *drivers* que a afetam ou que podem vir a afetá-la. Mas tenha a mente aberta: nada impede que um *driver* de restrição possa ser (e, efetivamente, muitas vezes é) também uma oportunidade. O apagão da infraestrutura, por exemplo, é uma oportunidade e tanto para as empreiteiras, construtoras, fabricantes de cimento, ferro, aço, trator, guindastes e por aí vai.

O objetivo da futurologia não é apontar o que vai acontecer, mas sim construir cenários prováveis para que você tome decisões conscientes. Disponha-se a construir três possibilidades: otimista, pessimista e neutra. Esse conjunto permitirá que você tenha uma experiência de reflexão inovadora. Alimentar, provocar, propor e imaginar cenários futuros pode começar a fazer parte do processo diário da sua empresa, o que servirá para discutir novos produtos, novos serviços, reavaliar a estratégia de crescimento existente, canais, mercados, processos, receitas e resultados.

Muita gente discute se a construção de cenários futuros é uma ciência ou uma arte. Outros acreditam que pode ser um sub-ramo da História. Afinal, é necessário compreender de forma sistemática o movimento baseando-se nos padrões do passado e do presente, e para determinar a probabilidade de eventos futuros e tendências.

Vamos ao trabalho: se você precisa construir cenários mais adequados à sua realidade, pode fazer o seu próprio relatório do futuro. Para isso, sugiro utilizar a metodologia Delphi.

A metodologia Delphi é um processo interativo e sistemático que tem como base um painel de especialistas na área desejada. De maneira simplificada, a metodologia pede que você converse com vinte a vinte e cinco especialistas ou *stakeholders* da sua área de atuação. Um intermediador deve realizar as entrevistas e fazer um *workshop* na sua empresa, mostrando o que os especialistas esperam do futuro. Depois de cada rodada, esse intermediador faz um resumo dos aprendizados. Com essas possíveis tendências em mãos, o intermediador volta aos especialistas para que eles deem sua chancela.

Isso deve ser feito quantas vezes forem necessárias. Como todo processo de cocriação, a metodologia leva a um "funil", ou seja, acreditamos que as respostas/cenários vão se consolidando. Acredita-se que as previsões de um grupo estruturado são mais precisas do que as de um grupo não estruturado.

Independentemente de realizar a sua própria pesquisa ou não, os dados e tendências contidos aqui podem e devem ser incluídos na construção de seu cenário. São tendências percebidas e estudadas por meio de uma pesquisa abrangente e fundamentada e, tudo indica, afetarão praticamente todos os setores.

Leve também em consideração os seguintes aspectos para trabalhar com cenários:

1. Estabeleça qual o escopo do trabalho e o período a que se destina. Analise também quanto tempo uma mudança substancial leva para ocorrer em seu mercado de atuação. Ou seja, qual é o ciclo de vida do seu produto ou serviço. Na maioria das vezes, analisamos cenários de cinco ou dez anos.

2. Descreva cada tendência, ou *driver*, como e por que isso afetará o seu negócio. Para isso, produza um *workshop* com processos de *brainstorming*. É nesse momento que todas as tendências devem ser apresentadas e refletidas.

3. Lembre-se de que existem forças que inexoravelmente devem estar entre os seus cenários, como o bônus demográfico e o pleno emprego. Esses são os fatos previsíveis ou consumados.

4. Tente sempre agrupar as tendências. Isso facilitará a avaliação.

5. Verifique o prazo e a consistência.

6. Coloque os cenários do mesmo modo que eu os coloquei. Quais são os *drivers* de crescimento, de restrição e de caráter de sua empresa?

7. Lembre-se de sempre escrever os cenários. Escrever traz clareza às conclusões.

8. Dê um bom nome a cada cenário. Pesquisas comprovam que um belo nome melhora o processo.

9. Você precisa de mais informações? Encomende pesquisas qualitativas e quantitativas.

10. Decida. O resultado final desse processo deve ser um conjunto de argumentos para uma ou mais decisões. Se isso não acontecer, é possível que precise refazer os passos anteriores.

Existem diversas maneiras de se construir cenários futuros. O material contido neste livro servirá, no mínimo, de base para começar. No entanto, para a maioria dos casos, pode ser um verdadeiro mapa da mina. De qualquer maneira, os cenários futuros sempre foram uma excelente ferramenta de trabalho. Nos dias de hoje, e nos que estão por vir, será ainda uma habilidade essencial.

Boa sorte! Você está só começando.

POSFÁCIO:
COMUNICAÇÃO NO BRASIL

Conforme já afirmei na introdução, as empresas brasileiras estão diante de um importante desafio: comunicar-se bem em um país em profunda transformação. Neste capítulo, ampliarei a reflexão sobre a comunicação e o marketing no Brasil – como é e como virá a ser. Utilizarei como base as entrevistas e pesquisas realizadas para a elaboração deste livro, mas também minhas convicções e aprendizados.

O que busquei mostrar com fatos e tendências ao longo deste texto pode ser resumido de algumas maneiras. Uma delas é a queda de preconceitos nos quais o marketing se baseou por muito tempo, que não mais funcionam nesta nova realidade.

Deixe-me explicar.

Durante anos, norte-americanos e europeus acreditaram que dominariam o mundo. Tal sonho nasceu no final da Segunda Guerra Mundial com a ascensão das economias americana, europeia e russa, que se utilizavam de uma política de exploração dos demais países. O sonho tornou-se realidade e se sustentou por anos. Com a dissolução da União Soviética a concentração de poder só aumentou, já que os postos de imperadores do mundo ficaram apenas com os Estados Unidos e a Europa. Dessa realidade, surgiram os seguintes preconceitos:

Preconceito n° 1
O mundo será globalizado. Mas ser globalizado significará parecer-se com Nova York, Miami, Londres, Paris e Berlim. Globalizar-se será sinônimo de ser igual ao primeiro mundo.

Preconceito n° 2
Todas as pessoas terão as mesmas características, os mesmos hábitos, gostarão das mesmas comidas e bebidas e vestirão as mesmas roupas.

Preconceito n° 3
O mundo todo pensará da mesma maneira. Teremos as grandes tendências internacionais de consumo, compra e hábitos.

Preconceito n° 4
Com base nos preconceitos n°1 e n°2, todas as empresas poderão se planejar para vender o mesmo

produto, pelo mesmo preço, com a mesma comunicação no mundo inteiro.

Preconceito nº 5

Com base no preconceito nº 3, os marqueteiros de todo o mundo acharam que tinham decifrado as questões do planeta todo.

Todo mundo acreditou nessas verdades absolutas, não apenas no Brasil. Isso foi possível porque o foco dessas crenças era o topo da pirâmide mundial. Os bairros ricos de países emergentes e seus moradores se enxergavam um pouco como Miami ou Nova York, e com uma pitada de Londres e Paris. Para essas pessoas, o mundo estava se "globalizando" de acordo com os preconceitos citados acima. No entanto, a realidade é que eles moravam mesmo em cidades do mundo emergente e pobre. Os moradores do bairro do Jardins, em São Paulo, do Leblon, no Rio de Janeiro, da Pituba, em Salvador e do Moinhos, em Porto Alegre – ou seja, a elite brasileira – gostariam de ser um pouco europeus ou americanos, mas nunca conseguiram. Lá fora, eram ridicularizados como moradores de uma república das bananas. Assim, como viraram caricaturas os japoneses, com suas máquinas fotográficas, e os árabes, com suas limusines incrivelmente grandes e brilhosas. Mas não eram iguais. E nem respeitados.

Para os países dominantes, globalizar-se é ser igual a eles. Veja, por exemplo, a capa de algumas revistas do final de 2011, que elegeram os jovens americanos do movimento *Occupy Wall Street* como "Homens do Ano". São esses jovens os "Homens do Ano"? E os jovens que fizeram a "Primavera Árabe", mortos e torturados ao lutar pela liberdade? Eles foram menos importantes aos olhos dos americanos?

O meu ponto ao fazer essas críticas é que o euro e americocentrismo tem que, e vai, acabar. Acredito que essa pseudoideia de globalização acabou e que não existe mais o *mainstream*. Já vivemos um novo momento e precisamos começar a nos perguntar: como trabalhar com essa nova realidade? Mas antes, para nos aprofundarmos nessa questão, vamos olhar para como isso aconteceu.

PRIMEIRO: A TECNOLOGIA

A tecnologia mudou as regras do jogo. A exemplo do que aconteceu com a perda do "monopólio" do cinema e da música, podemos extrapolar para outros setores e mercados. Na década de 1960, a indústria cultural acreditou ter conseguido empacotar a juventude mundial em uma coisa só, comandando assim os seus costumes, a moda e o estilo de vida. Havia, por exemplo, uma banda inglesa no topo das paradas, e no mundo inteiro não tinha outro LP para comprar a não ser o daquela banda inglesa. Esse "monopólio", que eu vivi na minha juventude foi possível até o surgimento da internet. O jovem de hoje recebe tantas influências, de tantos lugares e fontes, que tem o poder de escolha. Essa invenção, tão transformadora, teve filhos:

1º filho. O fim do *mainstream*
Há muita gente falando sobre a geração Y aqui no Brasil. Assim como há livros que afirmam que eu sou da geração *baby boom*. Bem, para pertencer à geração Y, o sujeito tem de ser um nativo digital, ou seja, já possuir em sua casa um computador ao nascer. O uso diário de computadores e jogos digitais desde a infância produziria transformações na cognição das pessoas. No entanto, a maioria dos jovens brasileiros não nasceu digital. Ponto. O computador no Brasil só começou a se tornar popular há dois ou três anos. Da mesma maneira que aqui não tiveram os *yuppies* e só meia dúzia de caras viraram *hippies*. Ou você acha mesmo que os jovens de Caruaru, de Dourados, de Feira de Santana e de Altamira tiveram as mesmas influências que os jovens de Seattle? Ou do Egito? Será que os jovens do Afeganistão também são da geração Y? Ao mesmo tempo, os jovens do Brasil, Rússia, Índia e China estão otimistas e enxergam um mundo melhor à sua frente. Já os jovens da Europa e Estados Unidos, não. Estamos em momentos diferentes e nossas histórias não são semelhantes.

2º filho. As pesquisas norte-americanas

Todas as semanas, jornais e revistas publicam pesquisas sobre os hábitos e costumes norte-americanos, como se os resultados pudessem também se aplicar à nossa realidade. Essa crença de que é possível comparar pessoas de países tão diferentes nos iludiu por muito tempo. Há no mercado ainda quem acredite nessa possibilidade simplista, como se fôssemos o mesmo povo. Mas não somos.

Um bom exemplo disso são os relatórios de tendência e futuro estrangeiros, que afirmam que o mundo será menos consumista daqui para frente. Menos consumista? Isso certamente não é verdade para o nosso país. O brasileiro nunca foi consumista, justamente por ser pobre, mas já está começando a ter e gastar mais, ainda que em um patamar muito menor do que nos países ricos.

3º filho. Olhar caseiro

Por acreditarmos que um dia seríamos como os americanos ou os europeus, esquecemos de olhar para as nossas particularidades e referenciar os nossos valores. Mas, o que tanto nos atrai nos Estados Unidos, o tal sonho americano, é justamente algo que poderíamos construir para o nosso país. Os cidadãos americanos se movem e comovem com o orgulho nacional. Esse sentimento, sim, é algo que podemos, e devemos, copiar.

SEGUNDO: A DESCENTRALIZAÇÃO DO CRESCIMENTO ECONÔMICO

Estados Unidos, Japão e Europa são as principais potências mundiais. Fruto de respeito ou admiração? Claro que não! O que esses países têm é poder econômico. No entanto, a descentralização desse poder é capaz de mudar tudo. O tão famoso e aclamado BRIC, por exemplo, tem como elo o crescimento econômico acelerado. O problema é que muitos acreditam que esses países têm mais semelhanças do que diferenças, ou seja, que teríamos hábitos e costumes comuns, o que é um engano. O mundo é multifacetado, plural e colorido.

Para auxiliar na argumentação dessa minha tese, cito o livro *O mundo é plano*, de Thomas Friedman, *best-seller* internacional em 2005. No texto, Friedman afirmava que o mundo estava ficando cada vez mais globalizado, e que as divisões históricas, regionais e geográficas eram cada vez menos relevantes. No entanto, em 2008, o mesmo autor lançou outro livro, chamado *Quente, plano e lotado*, no qual relativizou a sua tese. Admitiu que países "em crescimento acelerado", os BRIC, também podem "inovar e lucrar", dando a entender que sua ideia do mundo plano aplica-se para americanos e europeus.

De alguma maneira, já sabíamos que havia algo de muito estranho nessa simplificação. Há cerca de vinte anos, Caetano Veloso e Gilberto Gil cantaram:

Alguma coisa
Está fora da ordem
Fora da nova ordem
Mundial...

Eles só não sabiam o que estava fora da ordem mundial. Agora, parece que começamos a saber.

TERCEIRO: OS PRÓPRIOS AMERICANOS JÁ COMEÇARAM A ENTENDER, COMPREENDER E TRABALHAR NO FIM DAS MACROTENDÊNCIAS

Mark Penn, autor do livro *Micro tendências*, foi um dos autores e pensadores norte-americanos que começaram a entender esse novo cenário e a explorá-lo. Ele também é conselheiro político e atuou em campanhas eleitorais, sendo o responsável pela estratégia de reeleição de Bill Clinton (segundo o jornal *The Washington Post*, ele é "provavelmente o mais poderoso homem em Washington de quem ninguém nunca ouviu falar"). Bem, a grande tese defendida por Mark Penn, com a qual concordo de maneira ampla, geral e irrestrita, é que quanto mais rica é uma sociedade, mais individualizada ela é. Se assim não fosse, "todos se vestiriam igual. Seríamos padronizados em rosto e cor". Mas a realidade hoje é outra: a cultura de massas cresceu, mas a população não se tornou mais homogênea. Segundo Penn, a atual tendência é o surgimento e a consolidação da customização em massa.

Como isso acontece? Se você tem dinheiro (e não precisa ser muito), pode adquirir o produto que quiser, do jeito que quiser. E cita como exemplo o Starbucks. Nessa popular rede de cafeterias, é possível escolher, por preços nada exorbitantes, entre 150 variedades de café. O iPod também é um bom exemplo. Começou como um produto de massa comum, tinha uma cor e uma configuração, mas logo se adequou ao mercado: já é vendido em diversas configurações, cores e tamanhos. Ou seja, é o retorno daquela conhecida frase: "aqui é o cliente que manda".

Ele também defende que, em razão do fato de as sociedades estarem cada vez mais ricas — e, por isso mesmo, mais individualizadas —, veremos o surgimento de inúmeras microtendências, não mais as *megatrends*. Para nós, que vivemos no Brasil, essa tese tem valor por reconhecer que estamos enriquecendo, e teremos a valorização de nossa própria cultura, não mais das culturas norte-americana e europeia.

Ainda nesse livro, Penn aponta que somente nos Estados Unidos há setenta e cinco microtendências. Ele afirma que uma delas (que pode ser uma atitude ou um hábito de apenas 1% da população) pode afetar a todos. Entre os exemplos citados por ele está a microtendência do surgimento de crianças "veganas", nos Estados Unidos, o que não existe no Brasil. Há também o crescimento no número de pessoas que procurar cirurgias plásticas, o que se aplica aqui. Esse discernimento, entre o que é e o que se tornará real em seu país, Estado ou cidade, é uma competência que será cada vez mais necessária e desafiadora no que diz respeito às novas estratégias.

Finalizo citando Mark Penn, porque sei que muitas pessoas terão esperado encontrar neste livro as *"Cinco Grandes Tendências"* para as próximas década, uma lista completa e irrepreensível de verdades absolutas. No entanto, como puderam ver, em um mundo multifacetado como o nosso, ainda que eu quisesse, não poderia entregar tal lista sem ser leviano. Hoje, e daqui para a frente, será cada vez mais produtivo trabalhar com as microtendências. Por exemplo, não posso – e creio que ninguém possa, de fato – afirmar que todos os consumidores serão conscientes das questões sobre sustentabilidade, ecologia, natureza. No entanto, é possível detectar com segurança que uma parte maior e crescente da população já possui tais preocupações.

Foi por essa razão que optei por escrever um livro tão abrangente. Procurei, com o auxílio de muitas pesquisas e fazendo uso das mais diversas opiniões, falar um pouco sobre cada uma das muitas facetas desse momento de transformação que o Brasil está vivendo. Sei que muitas vezes não fui muito objetivo, mas fiz isso de propósito. Acredito que não haja mais espaço para verdades absolutas e conceitos fechados e monolíticos. Este é um livro para pensar, refletir, construir cenários, pensar no futuro. No seu e no da sua empresa.

FONTES E BIBLIOGRAFIA

ALVES, J. E. D. *O Bônus demográfico e o crescimento econômico no Brasil.* Rio de Janeiro: Aparte, IE-UFRJ, 2004.

AMSDEN, A. H. *A ascensão do resto.* São Paulo: UNESP, 2009.

BANCO MUNDIAL. *Doing Business 2010.* Disponível em: <http://portugues.doingbusiness.org/~/media/FPDKM/Doing%20Business/Documents/Annual-Reports/Overview/DB10-Overview-Portuguese.pdf>

BANCO MUNDIAL. *Envelhecendo em um Brasil mais velho.* [s/l]: s/n, 2011

BNDES. *Estudo do setor de transporte aéreo do Brasil.* Disponível em: <http://www.bndes.gov.br/SiteBNDES/export/sites/default/bndes_pt/Galerias/Arquivos/empresa/pesquisa/chamada3/sumario_executivo.pdf>

CAPPELI, P.; SINGH, H.; SINGH, J. et al. *O jeito indiano de fazer negócios.* São Paulo: Editora Campus, 2011.

CNT. *Pesquisa CNT de Rodovias 2010.* Disponível em: <http://www.sistemacnt.org.br/pesquisacntrodovias/2010/>.

DEPARTAMENTO INTERSINDICAL DE ESTATÍSTICA E ESTUDOS SOCIOECONÔMICOS E SECRETARIA DE POLÍTICAS PARA AS MULHERES. *Anuário das Mulheres Brasileiras* – levantamento feito pela Secretaria de Políticas para as Mulheres (SPM) e pelo Departamento Intersindical de Estatística e Estudos Socioeconômicos (DIEESE). 2011.

FUNDAÇÃO NACIONAL DE ARTES. *Cultura em Números:* anuário de estatísticas culturais 2009. Disponível em: http://www.cultura.gov.br/site/wp-content/uploads/2009/10/cultura_em_numeros_2009_final.pdf

GASPARI, E. *A ditadura escancarada.* São Paulo: Cia. da Letras, 2002.

GLOBESCAN; MRC MCLEAN HAZEL. *Desafio das Megacidades – uma perspectiva dos stakeholders.* Disponível em: <http://www.siemens.com/pool/en/about_us/megacities/megacity_studie_port_1464489.pdf>

Goldman Sachs, Global Economics Paper n° 170, The Expanding Middle: The Exploding World Middle Class and Falling Global Inequality, Julho, 2008.

HAWKSWORTH, J. *The World in 2050.* Pricewaterhouse Coopers, March 2006.

INSTITUTO BRASILEIRO DE GEOGRAFIA E ESTATÍSTICA. *Anuário Estatístico do Brasil – 1971.* Rio de Janeiro: Fundação IBGE, 1972.

INSTITUTO DE PESQUISA ECONÔMICA APLICADA. *Aeroportos no Brasil: investimentos recentes, perspectivas e preocupações.* [s/l]: Ipea, 2011.

INSTITUTO DE PESQUISA ECONÔMICA APLICADA. *Radar* n° 12.

INSTITUTO DE PESQUISA ECONÔMICA APLICADA. *Retrato das Desigualdades.* [s/l]: Ipea, 2006.

JÚNIOR, P. J. *ETNOMARKETING: antropologia, cultura e consumo.* Disponível em: <http://www.scielo.br/pdf/rae/v41n4/v41n4a08.pdf>

MASCARENHAS, A. O. *O que é o apagão da mão de obra e como se manifesta?* Disponível em: <http://www.hsm.com.br/editorias/rh/o-que--e-o-apagao-da-mao-de-obra-e-como-se-manifesta>.

MATTOS, S. *A televisão no Brasil:* 50 Anos de História. Salvador: Editora Paz/Edições Ianamá, 2000, p. 95.

MINISTÉRIO DA AGRICULTURA, PECUÁRIA E ABASTECIMENTO. *Projeções do Agronegócio 2010/2011 a 2020/2021.* Junho, 2011.

MINISTÉRIO DO ESPORTE. Impactos econômicos da realização da Copa 2014 no Brasil (2010). Disponível em http://www.copa2014.gov.br/sites/default/files/publicas/sobre-a-copa/biblioteca/impacto_economico_2014.pdf

MIOTTO, A. P.; BARKI, E. WalMart: um projeto para a base da pirâmide no Brasil. Fundação Getúlio Vargas.

NEVES, P. P. G. Estudo dos possíveis impactos sociais do pré-sal na sociedade brasileira.

PRAHALAD, C. K. A riqueza na base da pirâmide. São Paulo: Bookman Editora, 2009.

PREAL E FUNDAÇÃO LEMANN. Saindo da inércia? Boletim da Educação no Brasil. São Paulo: Cenpec, 2009.

PRIMO, A. De narcisismo, celebridades, celetoides e subcelebridades: o caso Tessália e sua abordagem Twittes. Disponível em: http://revistacmc.espm.br/index.php/revistacmc/article/viewFile/307/214

RIBEIRO, D. O povo brasileiro – a formação e o sentido do Brasil. São Paulo: Companhia das Letras, 1995.

RIBEIRO, D. O processo civilizatório. São Paulo: Companhia das Letras, 1998.

SENNET, R. A cultura do novo capitalismo. Rio de Janeiro: Record, 2006.

SHAPIRO, H. A primeira migração das montadoras: 1956-1968. Em: ARBIX, G. ZILBOVICIUS, M. (orgs.). De JK a FHC – a reinvenção dos carros. São Paulo: Scritta, 1997, p. 66.

SINGER, P. O Milagre Brasileiro - Causas e Consequências, Caderno Cebrap, n° 6, São Paulo, 1972.

SKIDMORE, T. Brasil: de Castelo a Tancredo. Rio de Janeiro: Paz e Terra, 1988.

SOUZA, A.; LAMOUNIER, B. A classe média brasileira. Rio de Janeiro: Campus, 2009.

SOUZA, D. A. *O Brasil entra em campo!* (construções e reconstruções da identidade nacional). São Paulo: Annablume, 2008.

SOUZA, V. H. P. *Plano Nacional de logística e transporte (PNLT): Afinal, do que se trata?*. Disponível em: <http://unesp.academia.edu/VitorHelioPereiradeSouza/Papers/1216862/PLANO_NACIONAL_DE_LOGISTICA_E_TRANSPORTE_PNLT_AFINAL_DO_QUE_SE_TRATA>

STRAUSS, C. L. *Tristes Trópicos.* São Paulo: Companhia das Letras, 1996.

The Economist. Burgeoning bourgeoisie – a special report on the new middle classes in emerging markets. Disponível em: < http://www.economist.com/node/13063298>

The Economist. The world turned upside down – A special report on innovation in emerging markets. Abril, 2010.

TNS. *Insights From Emerging Markets.* Março, 2011.

VOLLMANN, W. T. *Por que vocês são pobres?* São Paulo: Conrad, 2010.

ZAKARIA, F. *O Mundo pós-americano.* São Paulo: Companhia das Letras, 2008.

Alguns estudos importantes foram realizados pela empresa A Ponte Estratégia e estão presentes neste livro. São eles:

O Brasil visto pelos brasileirinhos
O que é bonito
O universitário da classe C
O que é luxo
A Nova Classe Média brasileira
O futuro da sustenabilidade
O Nordeste brasileiro
O mundo online em um país emergente
A mulher brasileira nos próximos dez anos
A nova identidade nacional